ESCALAS DE GUITARRA
EN CONTEXTO

La guía de referencia práctica

JOSEPH **ALEXANDER**

FUNDAMENTAL**CHANGES**

Escalas de guitarra en contexto

La guía de referencia práctica

Publicado por **www.fundamental-changes.com**

ISBN: 978-1-910403-98-3

Derechos de autor © 2019 Joseph Alexander

Traducido por: E. Gustavo Bustos

El derecho moral de este autor se ha reconocido.

www.fundamental-changes.com

Más de 10.000 seguidores en Facebook: **FundamentalChangesInGuitar**

Instagram: **FundamentalChanges**

Para ver más de 250 lecciones de guitarra gratuitas con videos visita:

www.fundamental-changes.com

Imagen de portada © Can Stock Photo Inc. / MnyJhee

Contenido

Todos los ejemplos de audio de este libro están disponibles de forma gratuita en:

www.fundamental-changes.com/audio-downloads

Introducción

Nunca he sido un entusiasta de los "diccionarios de escalas", y al principio era reacio a escribir este libro. Creo que, desde mi punto de vista, el problema siempre ha sido que no tiene mucho sentido dar una lista de posibles escalas que se pueden tocar en la guitarra sin dar a la vez algún contexto y aplicación. Es como darle a alguien un diccionario de idioma extranjero y esperar que esa persona averigüe cómo funciona el lenguaje.

Uno de los recuerdos más difíciles que tengo de mi desarrollo inicial como guitarrista fue haber abierto un diccionario de escalas y ver *todas* las posibles permutaciones en la digitación de cada uno de los modos, y entrar en pánico porque me sentí como si tuviera que memorizar todo en el libro.

Perdí horas sintiéndome pesimista y mal conmigo mismo porque no podía encontrar una manera de retener toda esa información. Ahora, al mirar atrás a ese período, me doy cuenta de cuánto tiempo perdí tratando de memorizar escalas que no entendía. Ese tiempo pude haberlo dedicado a aprender música.

Las escalas son simplemente información musical. En el sentido más básico, no son más que maneras de dividir una octava. Si dividimos la octava de forma diferente, los sentimientos contenidos en nuestra música van a cambiar. Está muy bien saber treinta escalas en doce digitaciones, pero si no sabes cómo o cuándo aplicarlas, es un esfuerzo un poco inútil.

Tocar la guitarra no se trata simplemente de ejecutar escalas. El objetivo es la musicalidad, la expresión y el fraseo. Puede haber una pequeña parte de tu práctica de la técnica que requiera ejecutar escalas, pero probablemente sea sólo un 1 o un 2 por ciento.

Por qué este libro es diferente

En lugar de entregarte un diccionario, quiero darte un libro de frases y una guía de audio. He hecho mi mejor esfuerzo para mantener el sentido práctico y la musicalidad como las prioridades principales en este libro. Para cada escala contenida en este libro hay tres licks esenciales y tres pistas de acompañamiento únicas que te ayudarán a llegar a conocer el sonido y los sentimientos asociados a cada escala.

Las 18 escalas más utilizadas en la música moderna (pop, rock y jazz, etc.) están contenidas en este libro, y cada una se muestra con cinco patrones de digitación.

Cada capítulo comienza dando la fórmula para cada escala (y cómo se compara con la fórmula de la escala mayor - 1 2 3 4 5 6 7). Además se da una descripción de una frase del sonido/ambiente de cada escala, ¡aunque esto es muy subjetivo! Tócalas, escucha los licks y encuentra tu propia interpretación de sus sonidos. También he resaltado los usos comunes de cada escala para que puedas escuchar de inmediato cómo se utiliza musicalmente.

Cada una de las cinco digitaciones para cada escala tiene una forma de acorde resaltada con puntos vacíos. Te recomiendo enfáticamente *aprender la forma de la escala alrededor de la forma del acorde*. De esta manera tienes una única forma de acorde "ancla" en tu mente que te ayudará a recordar la digitación de la escala en cualquier tonalidad que te encuentres. Las formas de acordes se basan en las formas del sistema CAGED, aunque entender el sistema CAGED no es de ninguna manera un prerrequisito para utilizar este libro.

Junto a cada forma de escala he dado la digitación de las tríadas y los arpegios que están asociados a cada escala. Por ejemplo, cuando se utiliza un patrón de escala mayor, se muestran una tríada mayor y un arpegio de séptima mayor relacionados. Serás capaz de ver que cada uno de los cinco patrones de digitación tiene una forma de tríadas y de arpegios que le corresponden, y que estas notas están contenidas dentro del diagrama de escala. Por ejemplo:

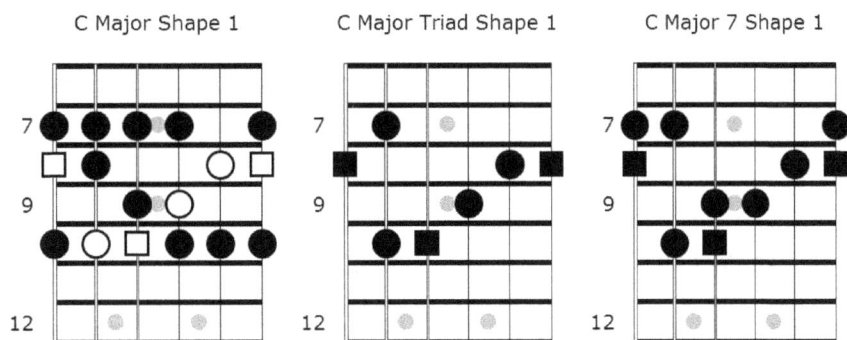

C Major Shape 1   C Major Triad Shape 1   C Major 7 Shape 1

En el primer diagrama se puede ver la forma del acorde con cejilla resaltado con puntos vacíos y la forma de escala mayor construida a su alrededor. Los marcadores cuadrados muestran siempre la nota fundamental de cada escala.

En el segundo diagrama se dan las notas de la tríada. Se puede ver que son similares al acorde mayor del diagrama uno.

En el último diagrama se muestra el arpegio de séptima completo para cada forma de escala.

Piensa en las tríadas y los arpegios relacionados como notas tónicas "seguras" que puedes utilizar durante tus solos para posarte en ellas. Estas notas no añaden mucha tensión melódica a tu solo en comparación con los tonos de la escala que no son del arpegio; sin embargo, son las notas fuera del arpegio las que le aportan el color único a cada escala.

Se da un diagrama del diapasón completo después de las cinco formas para cada escala para que puedas aprender cómo se interconectan las formas en la guitarra.

Como ya he mencionado anteriormente, no tiene mucho sentido aprender un patrón de escala sin conocer el contexto en el cual usarlo. Por esta razón, he incluido *tres* progresiones de acordes comunes que puedes utilizar con cada escala. Estas progresiones de acordes se incluyen como pistas de acompañamiento de audio que puedes descargar de **www.fundamental-changes.com/audio-downloads**.

Es esencial que dediques tiempo a experimentar e improvisar con cada escala sobre las pistas de acompañamiento. Esto te ayudará a aprender a sentir cómo funciona una escala musicalmente, qué emociones transmite y dónde yacen sus notas más seguras y más ricas. Estás apuntándole a desarrollar un "diccionario musical" de sonidos en tu cabeza para que los puedas reconocer y ejecutar en conjunto con otros músicos rápidamente. Esto es tan importante como aprender las notas mismas.

Por último, he dado tres licks útiles para cada escala. Estos son para que puedas empezar el camino hacia tus propios descubrimientos musicales. Aprender los licks te ayudará a interiorizar el lenguaje y el significado musical de la escala más plenamente. Estos licks tocados sobre las pistas de acompañamiento también están disponibles como descargas de audio para que puedas escuchar la forma en que deberían sonar.

Cómo usar este libro

El consejo más importante que puedo darte es "*¡no trates de aprender todo de una vez!*". Si tocas la guitarra de rock o de blues, puede haber algunas escalas aquí que quizás nunca vayas a utilizar. Por ejemplo, no es común escuchar la escala simétrica disminuida en el rock, pero sucede todo el tiempo en el jazz.

No pases meses de su vida memorizando algo que puede que no utilices. Establece prioridades para tu tiempo. Es mejor aprender una escala en una posición y hacer música a partir de ella, que aprender diez escalas que nunca utilizarás.

Aprende sólo un tipo de escala a la vez.

Es posible que quieras comenzar con la escala mayor o la escala pentatónica menor, ya que ambas son muy comunes en la música moderna. Aquí hay un proceso que podrías realizar para aprender la escala mayor en cinco posiciones.

Sigue estos pasos con el metrónomo programado a 60bpm. Toca corcheas o lo que te sea más cómodo. Aspira a la exactitud, no a la velocidad. Comienza por escuchar el audio y elegir un sonido que te guste.

1) Escucha y memoriza la forma del acorde resaltado en el diagrama de escala.

2) Toca la forma del acorde y di su nombre en voz alta; luego asciende lentamente a través de la forma de escala.

3) Toca la forma del acorde y di su nombre en voz alta; luego desciende lentamente a través de la forma de escala.

4) Toca la forma del acorde y di su nombre en voz alta; luego asciende y desciende lentamente a través de la escala.

5) Repite este proceso con el patrón de tríadas: toca la forma del acorde y luego toca las tríadas.

6) Toca la forma del acorde, toca el patrón de tríadas y luego toca la escala.

7) Repite este proceso con el patrón de arpegios: toca la forma del acorde y luego toca las tríadas.

8) Toca la forma del acorde, toca el patrón de tríadas, toca el arpegio y luego toca la escala.

9) Aprende el primer lick.

10) Toca la forma del acorde y luego toca el lick.

11) Repite para los tres licks.

12) Improvisa con una pista de acompañamiento; trata de usar los licks en conjunto con tu propia improvisación.

13) Repite este proceso para los otros cuatro patrones de digitación para cada modo.

Siempre asegúrate de pasar tiempo improvisando con cada forma de digitación y utilizar el diagrama completo del diapasón para ayudarte a moverte entre las formas.

También es importante que aprendas a cambiar de tonalidades. Cuando hayas aprendido las cinco formas, un ejercicio fantástico es bloquear tu mano del diapasón en una posición del diapasón; por ejemplo, del 5to al 8vo traste, y tocar a través de los centros tonales A, C, D, F y G sin mover la mano lejos de esta posición. Al tocar a través de estos cinco centros tonales en una posición, utilizarás cada una de las cinco formas de escala una vez. Es esencial conocer las notas en el diapasón para hacer esto. Recuerda que los marcadores cuadrados en los diagramas de escala son las notas fundamentales de cada acorde.

Para obtener más información y una mirada más profunda a la forma de tocar con facilidad en diferentes tonalidades, echa un vistazo a *El sistema CAGED y 100 licks para guitarra blues*, y *El sistema CAGED y 100 licks para guitarra rock*.

Sin saber qué tipo de música deseas tocar, es imposible para mí dar un orden de prioridad para que puedas aprender las escalas de este libro. Para la mayoría de la gente, las escalas mayor y pentatónica menor serán la prioridad, al igual que los modos de la escala mayor (de la mayor hasta el locrio).

No es esencial aprender todas las escalas en las cinco posiciones antes de pasar a la siguiente. Si estás aprendiendo un tema que requiere un solo dórico, entonces concéntrate en el dominio del dórico. Siempre mantén a tus estudios de escalas relevantes para la música que estás aprendiendo; este es un enfoque mucho más natural y orgánico para el aprendizaje de la música.

Es perfectamente aceptable saber sólo la forma 1 de cada escala. Mientras que sepas cómo aplicar la escala, puedes hacer música hermosa e interesante en una sola posición en el diapasón.

Para más información sobre la aplicación y el uso de estas escalas, echa un vistazo a mi libro, **Guía práctica de la teoría musical moderna para guitarristas.**

Obtén el audio

Los archivos de audio de este libro se pueden descargar de forma gratuita en **www.fundamental-changes.com** y el enlace se encuentra en la esquina superior derecha. Sólo tienes que seleccionar el título de este libro en el menú desplegable y seguir las instrucciones para obtener el audio.

Te recomendamos descargar los archivos directamente a tu computador, no a tu tableta, y extraerlos allí antes de añadirlos a tu biblioteca multimedia. Luego, ya puedes ponerlos en tu tableta, iPod o grabarlos en un CD. En la página de descarga hay un archivo de ayuda en PDF y también ofrecemos soporte técnico a través del formulario de contacto.

Kindle/eReaders

Para sacarle el mayor provecho a este libro, recuerda que puedes pulsar dos veces cada imagen para verla más grande. Apaga la "visualización en columna" y mantén tu Kindle en modo horizontal.

Twitter: **@guitar_joseph**

Más de 10.000 seguidores en Facebook: **FundamentalChangesInGuitar**

Instagram: **FundamentalChanges**

Para ver más de 350 lecciones de guitarra gratuitas con videos visita:

www.fundamental-changes.com

La escala mayor (modo jónico)

Fórmula: 1 2 3 4 5 6 7

En una frase: feliz y triunfante.

La escala mayor (o el modo jónico) ha sido el elemento fundamental de la música occidental durante aproximadamente los últimos ochocientos años, y se ha utilizado para formar muchas de las melodías y armonías que oímos todos los días. La mayoría de los acordes utilizados en la música popular y clásica se derivan de la escala mayor.

La escala mayor es la escala *madre* de los modos mayores que forman la mayoría de las tonalidades utilizadas en la guitarra moderna. Su fórmula, 1 2 3 4 5 6 7, es la base para la descripción de *todas* las otras escalas. En otras palabras, al elevar (#) o bemolizar (b) las notas individuales, podemos describir nuevas escalas. Por ejemplo, el modo mixolidio tiene la fórmula 1 2 3 4 5 6 b7. Podemos ver que el modo mixolidio es idéntico a la escala mayor, excepto por el 7mo grado bemolizado.

La escala mayor normalmente da una sensación de sonido muy brillante y feliz.

Algunos ejemplos de melodías que utilizan la escala mayor son:

Twinkle Twinkle Little Star (de hecho, la mayoría de las canciones de cuna se basan en la escala mayor)

I Don't Wanna Miss a Thing - Aerosmith

Cliffs of Dover - Eric Johnson

Todos los archivos de audio de este libro están disponibles en

www.fundamental-changes.com/audio-downloads

Formas de la escala de C mayor

C Major Shape 1

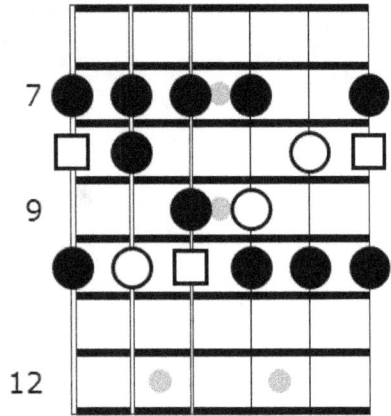

C Major Shape 2

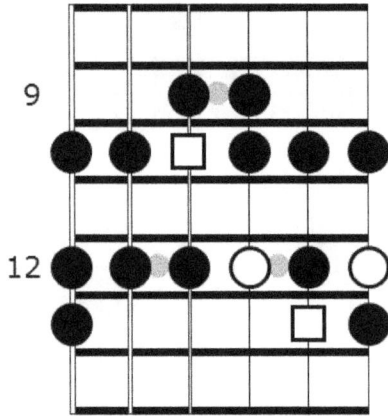

C Major Shape 3

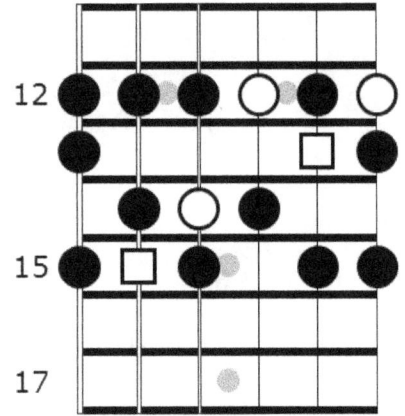

C Major Shape 4

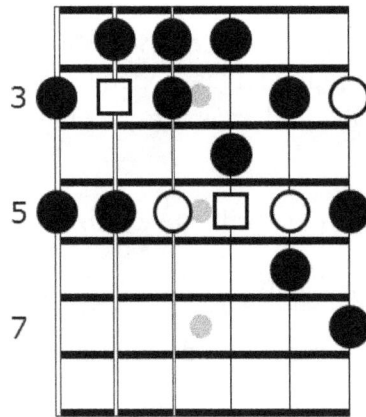

C Major Shape 5

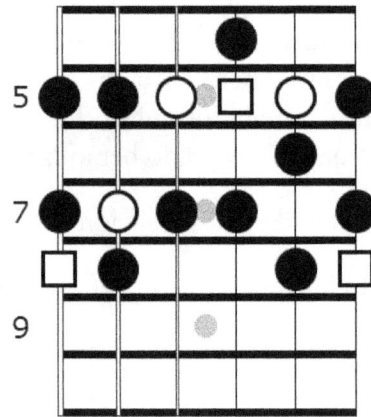

C Major

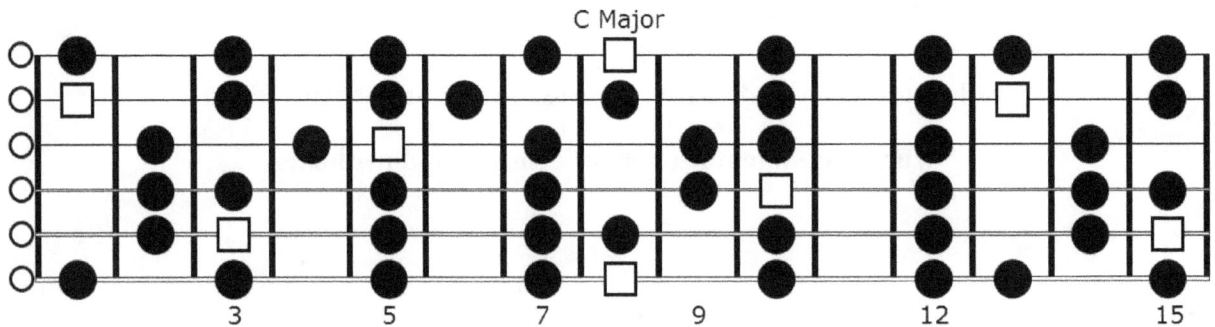

Formas de tríadas y arpegios de C mayor

Tríadas

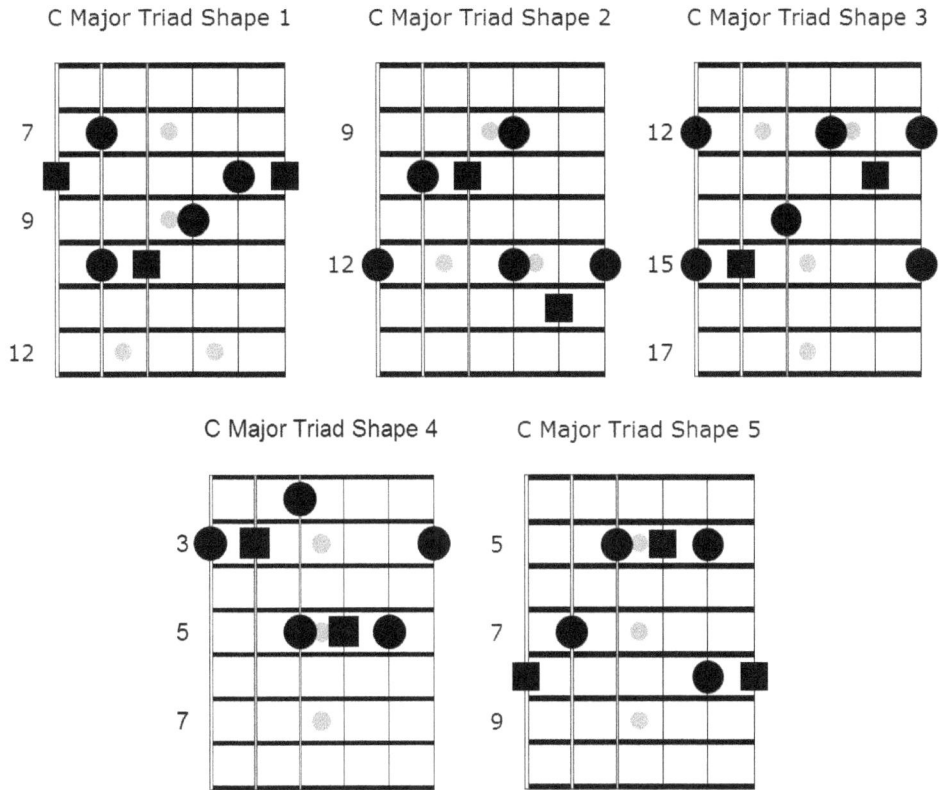

Arpegios

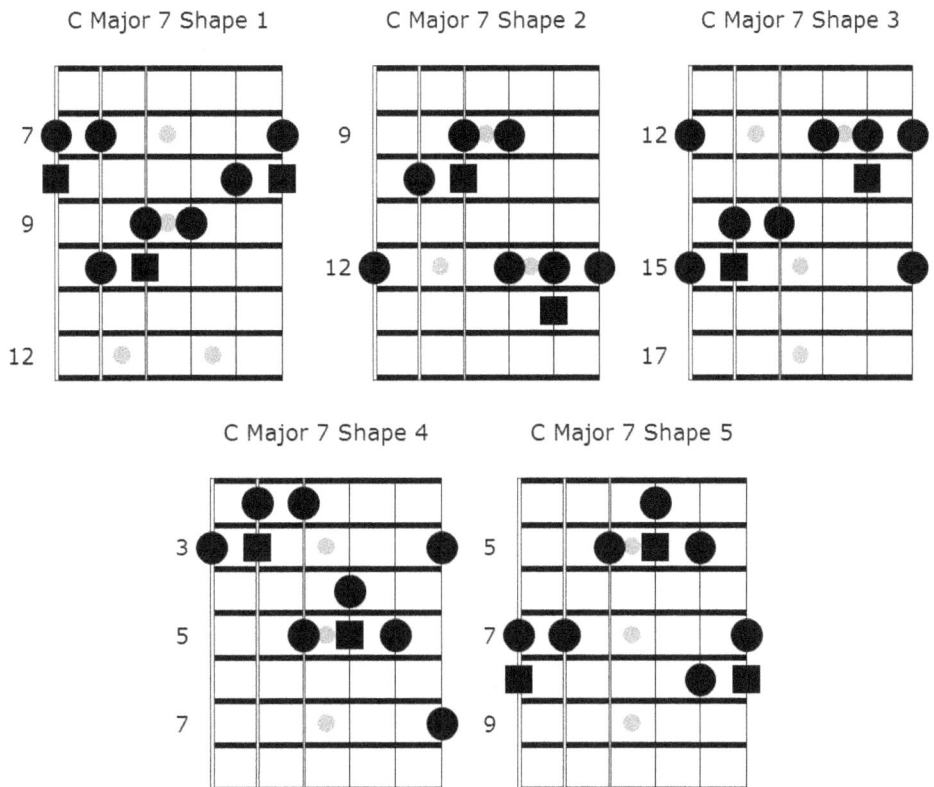

Progresiones de acordes típicas

Pista de acompañamiento mayor 1:

Pista de acompañamiento mayor 2:

Pista de acompañamiento mayor 3:

Licks útiles

Escala mayor-Lick 1:

Escala mayor-Lick 2:

Escala mayor-Lick 3:

El modo dórico

Fórmula: 1 2 b3 4 5 6 b7

Escala madre: mayor

Modo: 2

En una frase: calmada, funk y relajada.

So What – Miles Davis

Billy Jean – Michael Jackson

Tender Surrender – Steve Vai (con unos pocos cambios de tonalidad a modos relacionados)

El modo dórico crea un ambiente relajado y, como tal, se utiliza comúnmente para hacer solos en el rock melancólico, el funk y el jazz. Se oye en las partes A de *Maiden Voyage* de Herbie Hancock, *Eleanor Rigby* de The Beatles y *Paradise* de Coldplay.

A menudo se utiliza en el rock y el blues modernos (como en el intermedio de *Stairway to Heaven* de Led Zeppelin) y es uno de los modos menores más comúnmente utilizados.

Formas de la escala de C dórico

C Dorian Shape 1

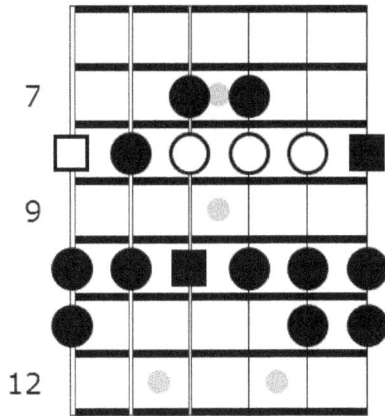

C Dorian Shape 2

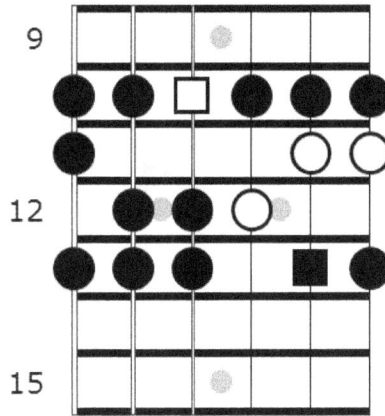

C Dorian Shape 3

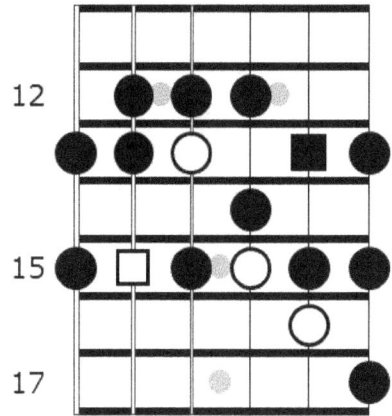

C Dorian Shape 4

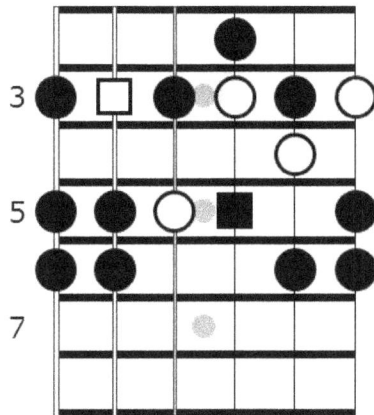

C Dorian Shape 5

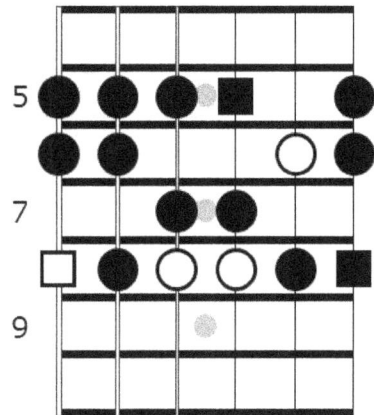

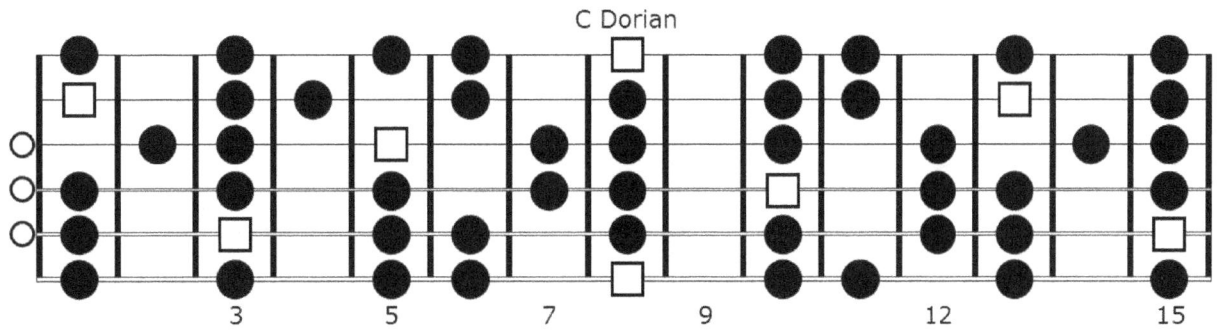

C Dorian

Formas de tríadas y arpegios de C dórico

Tríadas

Cm Triad Shape 1

Cm Triad Shape 2

Cm Triad Shape 3

Cm Triad Shape 4

Cm Triad Shape 5

Arpegios

Cm7 Shape 1

Cm7 Shape 2

Cm7 Shape 3

Cm7 Shape 4

Cm7 Shape 5

Progresiones de acordes típicas

Pista de acompañamiento dórico 1:

Pista de acompañamiento dórico 2:

Pista de acompañamiento dórico 3:

Licks útiles

Escala dórica-Lick 1:

Escala dórica-Lick 2:

Escala dórica-Lick 3:

El modo frigio

C Phrygian

Fórmula: 1 b2 b3 4 5 b6 b7

Escala madre: mayor

Modo: 3

En una frase: española y oscura.

War – Joe Satriani

Wherever I May Roam – Metallica

El modo frigio es de sonido oscuro con sabor español, que es popular entre intérpretes como Chick Corea y Al Di Meola. A menudo se utiliza en la música de rock más pesado y se puede escuchar en muchas canciones de Metallica.

El modo frigio es idéntico al modo eólico, excepto que el frigio contiene un grado b2. Este grado b2 es el responsable del sonido pesado y el sabor español.

Formas de la escala de C frigio

C Phrygian Shape 1

C Phrygian Shape 2

C Phrygian Shape 3

C Phrygian Shape 4

C Phrygian Shape 5

C Phrygian

Formas de tríadas y arpegios de C frigio

Tríadas

Cm Triad Shape 1

Cm Triad Shape 2

Cm Triad Shape 3

Cm Triad Shape 4

Cm Triad Shape 5

Arpegios

Cm7 Shape 1

Cm7 Shape 2

Cm7 Shape 3

Cm7 Shape 4

Cm7 Shape 5

Progresiones de acordes típicas

Pista de acompañamiento frigio 1:

Pista de acompañamiento frigio 2:

Pista de acompañamiento frigio 3:

Licks útiles

Escala frigia-Lick 1:

Escala frigia-Lick 2:

Escala frigia-Lick 3:

El modo lidio

Fórmula: 1 2 3 #4 5 6 7

Escala madre: mayor

Modo: 4

En una frase: mística y etérea.

Flying in a Blue Dream – Joe Satriani

How I Miss You – Foo Fighters

La introducción de **Hole Hearted** – Extreme

El modo lidio es un modo de sonido mayor con una diferencia principal de la escala mayor tradicional: el 4to grado de la escala se eleva por un semitono. Esta alteración aparentemente pequeña de la escala mayor crea una sensación de "otro mundo" y se ha utilizado con excelentes resultados por músicos tan diversos como Frank Zappa y Danny Elfman.

Es común en las baladas de rock y se utiliza para crear una sensación poderosa y majestuosa.

Formas de la escala de C lidio

C Lydian Shape 1

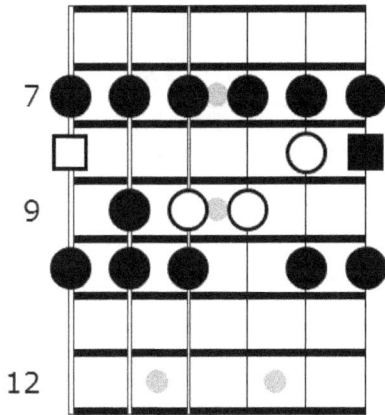

C Lydian Shape 2

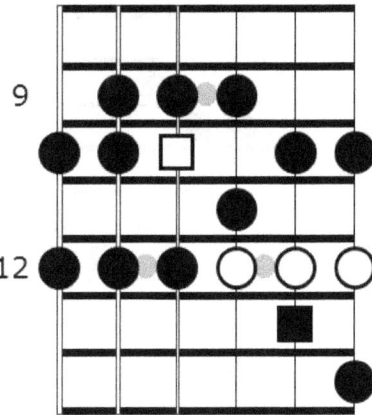

C Lydian Shape 3

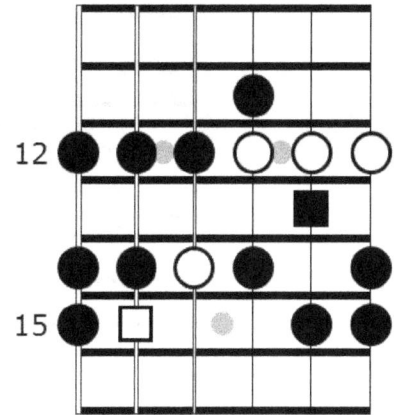

C Lydian Shape 4

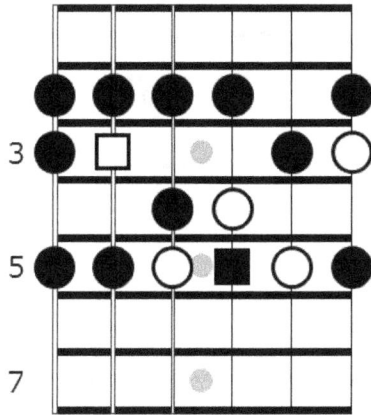

C Lydian Shape 5

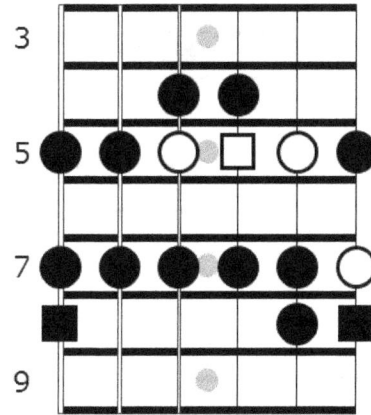

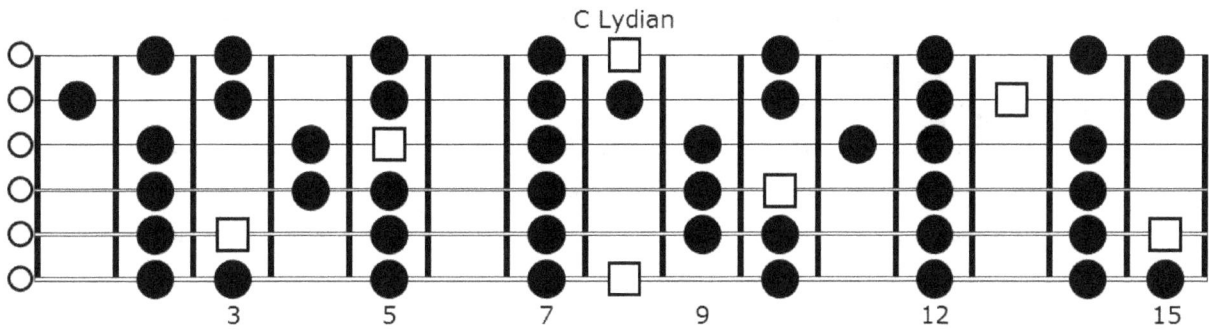

C Lydian

Formas de tríadas y arpegios de C lidio

Tríadas

C Major Triad Shape 1   C Major Triad Shape 2   C Major Triad Shape 3

C Major Triad Shape 4   C Major Triad Shape 5

Arpegios

C Major 7 Shape 1   C Major 7 Shape 2   C Major 7 Shape 3

C Major 7 Shape 4   C Major 7 Shape 5

Progresiones de acordes típicas

Pista de acompañamiento lidio 1:

Pista de acompañamiento lidio 2:

Pista de acompañamiento lidio 3:

Licks útiles

Escala lidia-Lick 1:

Escala lidia-Lick 2:

Escala lidia-Lick 3:

El modo mixolidio

C Mixolydian

Fórmula: 1 2 3 4 5 6 b7

En una frase: brillante y con estilo de blues.

Escala madre: mayor

Modo: 5

More than a Feeling - Journey

Summer Song – Joe Satriani

Sweet Child 'O' Mine – Guns N' Roses

El modo mixolidio se usa más comúnmente en combinación con las escalas pentatónicas mayor y menor. Con frecuencia se escucha en los solos de guitarra del blues, el rock y el country, y se oye muy a menudo en la interpretación de Derek Trucks, Allman Brothers Band y Stevie Ray Vaughan. Si estás escuchando un blues de 12 compases y el estado de ánimo se eleva de un sonido menor a uno mayor, esto a menudo se crea mediante el uso de escalas pentatónicas mayores o del modo mixolidio.

El modo mixolidio es similar a la escala mayor; sin embargo, el mixolidio contiene un intervalo de b7 que reduce algo del gran brillo de la escala mayor pura. Opacando el brillo de la escala mayor, el mixolidio se vuelve más adecuado para el rock y el blues animados.

Formas de la escala de C mixolidio

C Mixolydian Shape 1
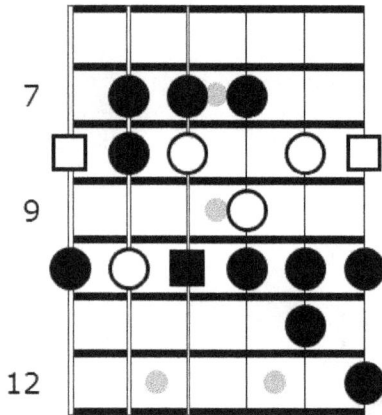

C Mixolydian Shape 2
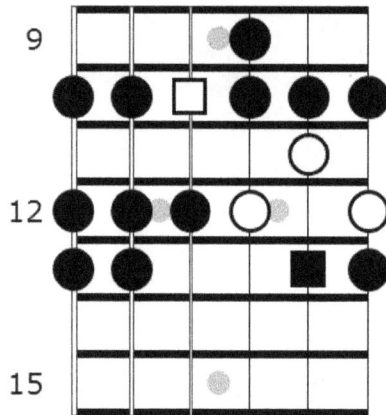

C Mixolydian Shape 3
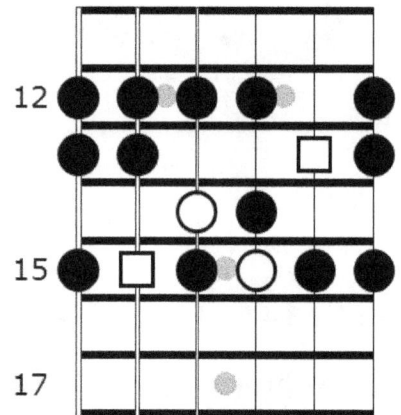

C Mixolydian Shape 4
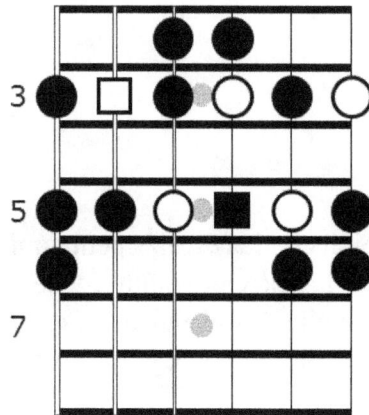

C Mixolydian Shape 5
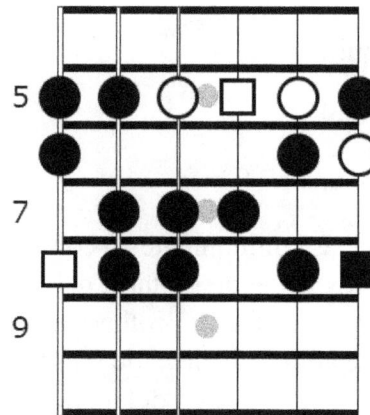

C Mixolydian
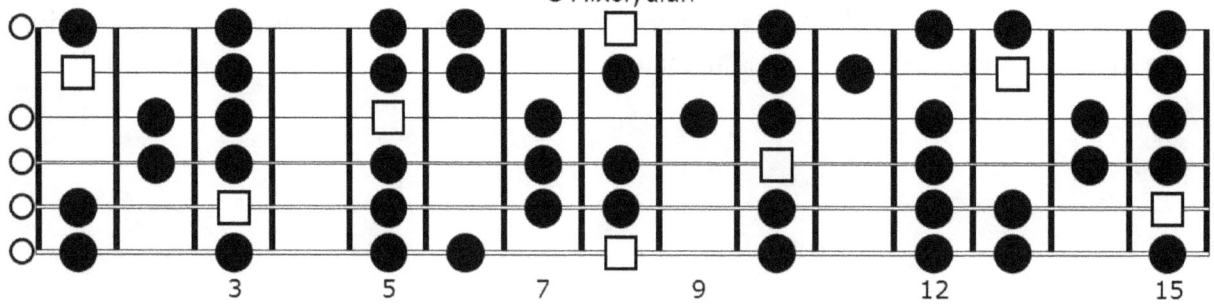

Formas de tríadas y arpegios de C mixolidio

Tríadas

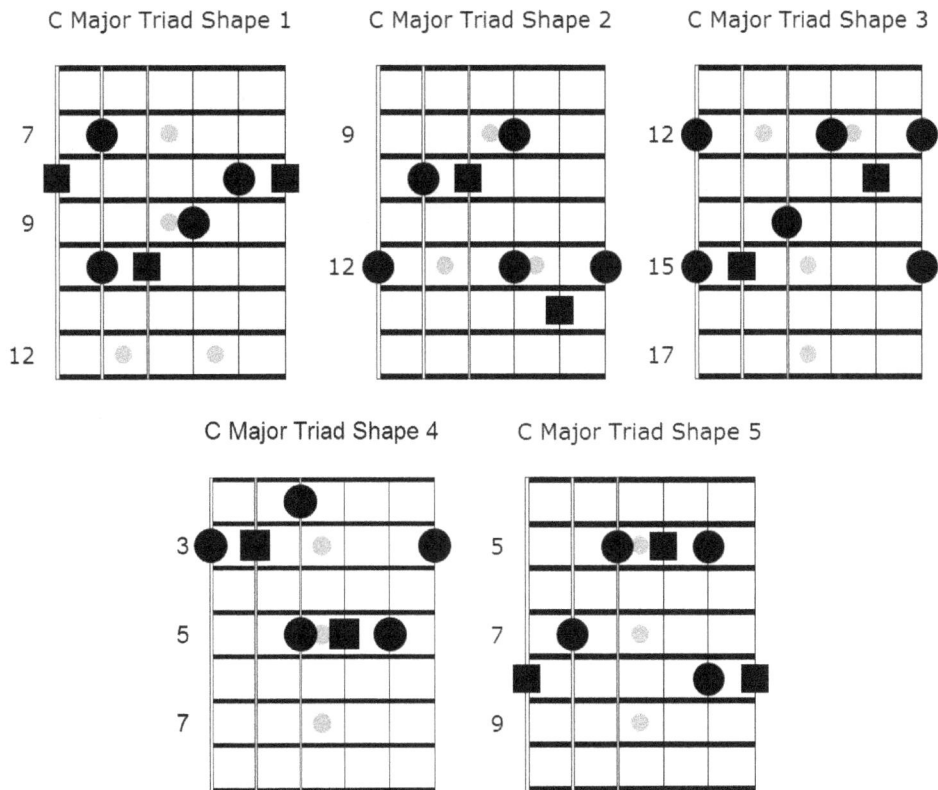

C Major Triad Shape 1

C Major Triad Shape 2

C Major Triad Shape 3

C Major Triad Shape 4

C Major Triad Shape 5

Arpegios

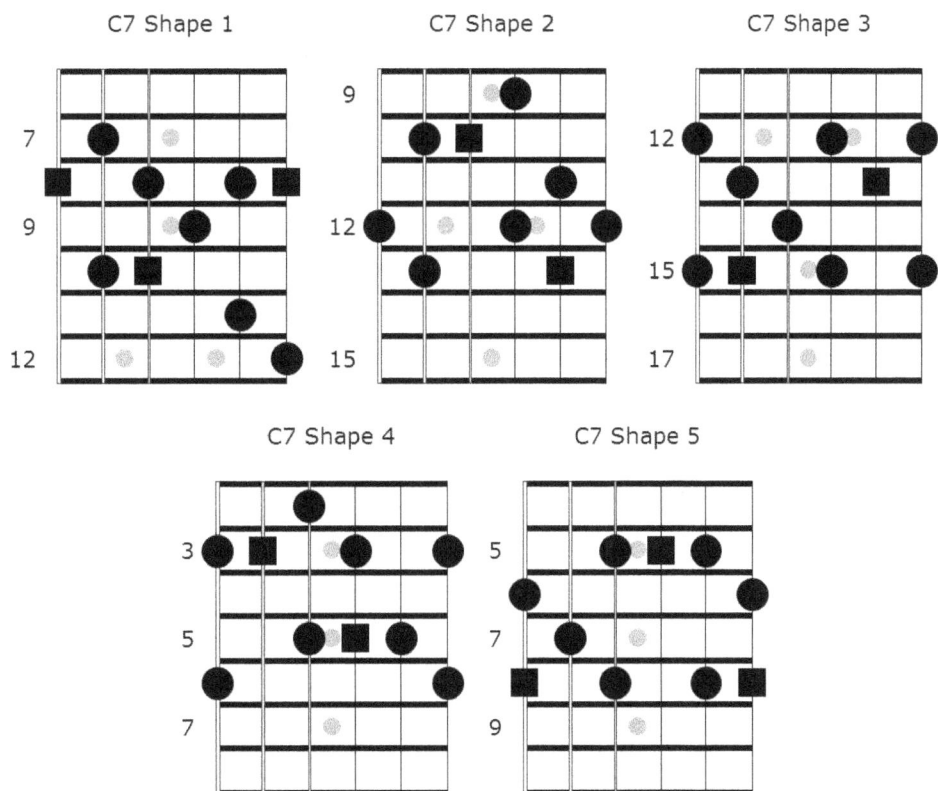

C7 Shape 1

C7 Shape 2

C7 Shape 3

C7 Shape 4

C7 Shape 5

Progresiones de acordes típicas

Pista de acompañamiento mixolidio 1:

Pista de acompañamiento mixolidio 2:

Pista de acompañamiento mixolidio 3:

Licks útiles

Escala mixolidia-Lick 1:

Escala mixolidia-Lick 2:

Escala mixolidia-Lick 3:

El modo eólico

C Aeolian

Fórmula: 1 2 b3 4 5 b6 b7

En una frase: premonitoria y poderosa.

Escala madre: mayor

Modo: 6

Still Got the Blues – Gary Moore

Europa – Carlos Santana

All Along the Watchtower – Bob Dylan

El eólico es probablemente el modo más utilizado en el rock pesado y el metal. Es por naturaleza un modo menor ya que contiene un b3; sin embargo, la adición del b6 crea un sonido más oscuro y más pesado que el modo dórico.

El modo eólico también se utiliza a menudo en canciones de jazz blues menor.

Las canciones de rock moderno a menudo usan el modo eólico, siendo un ejemplo clásico *Empty Rooms* de Gary Moore.

Formas de la escala de C eólico

C Aeolian Shape 1

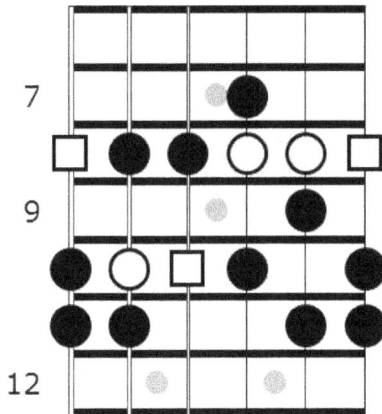

C Aeolian Shape 2

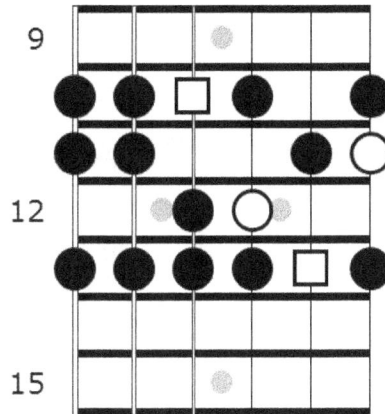

C Aeolian Shape 3

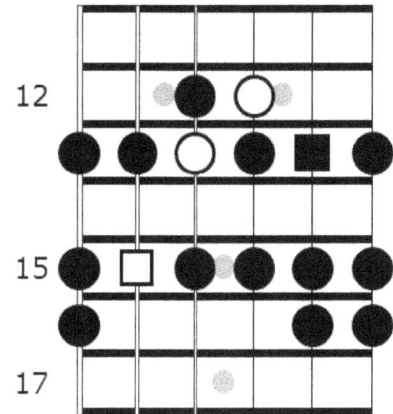

C Aeolian Shape 4

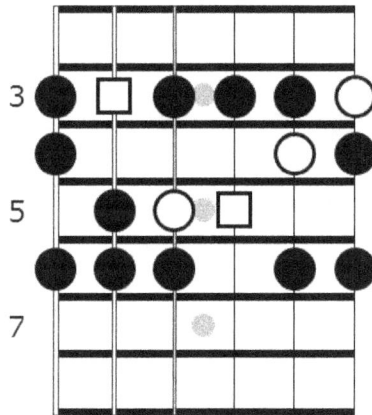

C Aeolian Shape 5

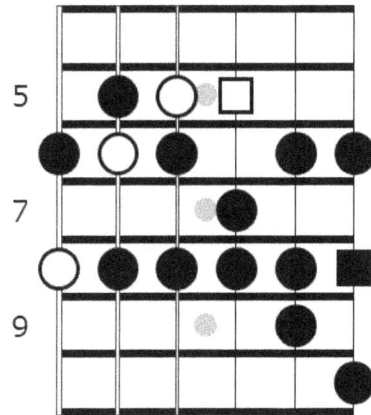

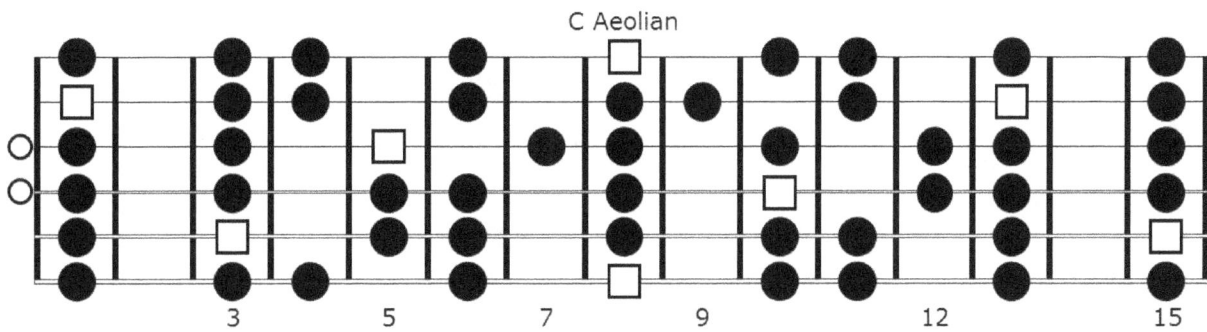

C Aeolian

Formas de tríadas y arpegios de C eólico

Tríadas

Cm Triad Shape 1

Cm7 Shape 2

Cm Triad Shape 3

Cm Triad Shape 4

Cm Triad Shape 5

Arpegios

Cm7 Shape 1

Cm7 Shape 2

Cm7 Shape 3

Cm7 Shape 4

Cm7 Shape 5

Progresiones de acordes típicas

Pista de acompañamiento eólico 1:

Pista de acompañamiento eólico 2:

Pista de acompañamiento eólico 3:

Licks útiles

Escala eólica-Lick 1:

Escala eólica-Lick 2:

Escala eólica-Lick 3:

El modo locrio

Fórmula: 1 b2 b3 4 b5 b6 b7

Escala madre: mayor

Modo: 7

En una frase: oscuro, sucio, disonante y agresivo.

El modo locrio rara vez se utiliza en la música popular, pero surge con bastante frecuencia en el death metal y los solos más pesados. A veces también es sorprendente saber que es uno de los modos más utilizados en el jazz y con frecuencia se produce cada vez que ves un acorde m7b5.

Todas las notas de la escala locria, con excepción de la 4ta, son bemoles; por lo que es casi lo más lejos de la escala mayor que se puede llegar. Sin embargo, debido a que nuestros oídos están acostumbrados a escuchar melodías y armonías mayores, a menudo somos engañados en la reorganización subconsciente de progresiones de acordes para que las oigamos como progresiones de escala mayor.

En el heavy metal, el modo locrio se toca a menudo sobre acordes de quinta (power chords) con un b5 para mantener la armonía simple y dejar que la melodía de la escala defina el centro tonal.

Formas de la escala de C locrio

C Locrian Shape 1
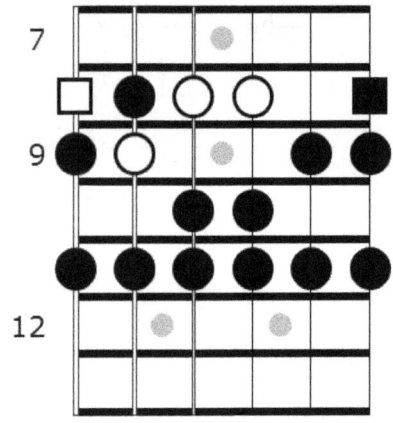

C Locrian Shape 2
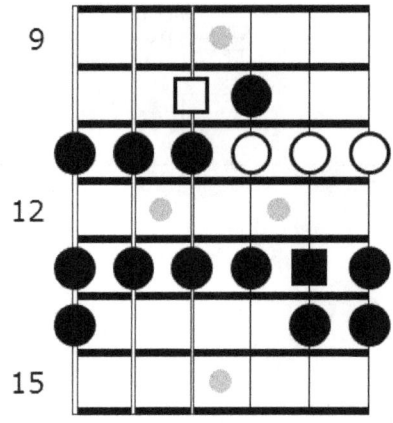

C Locrian Shape 3
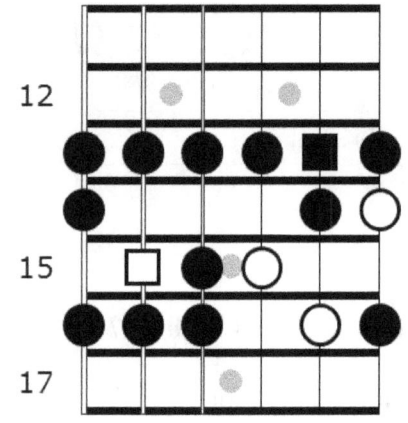

C Locrian Shape 4
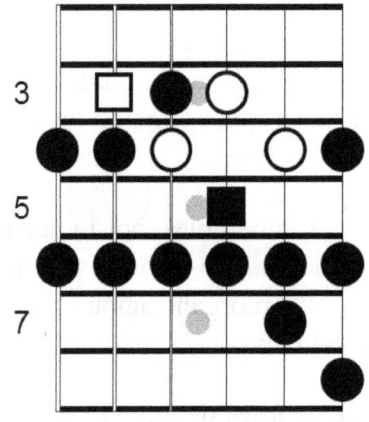

C Locrian Shape 5
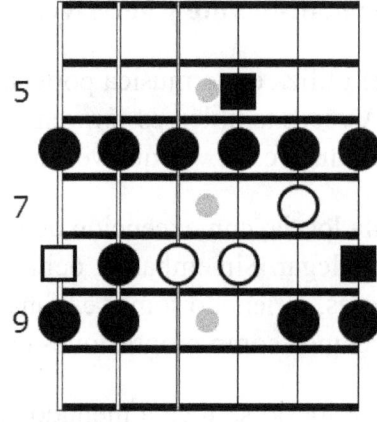

C Locrian
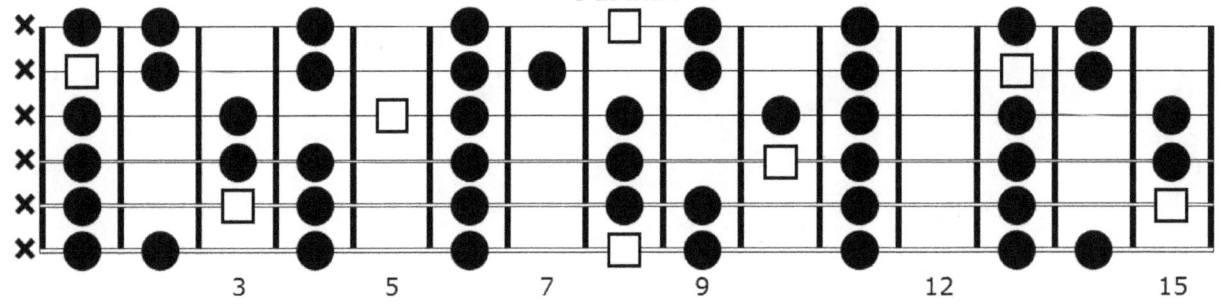

Formas de tríadas y arpegios de C locrio

Tríadas

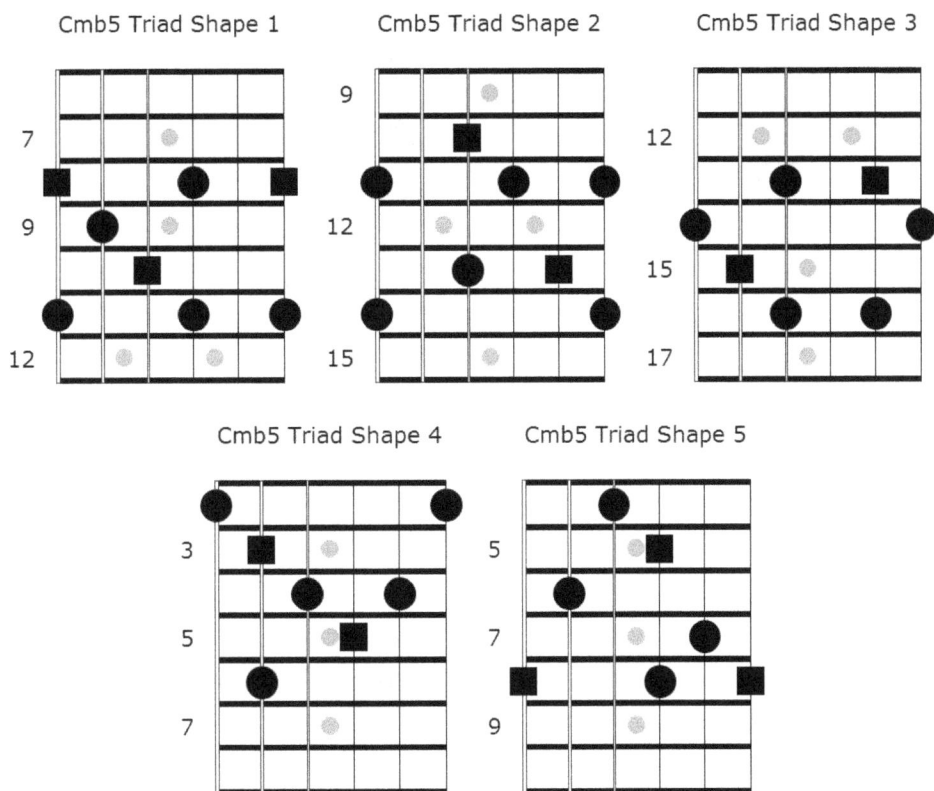

Arpegios

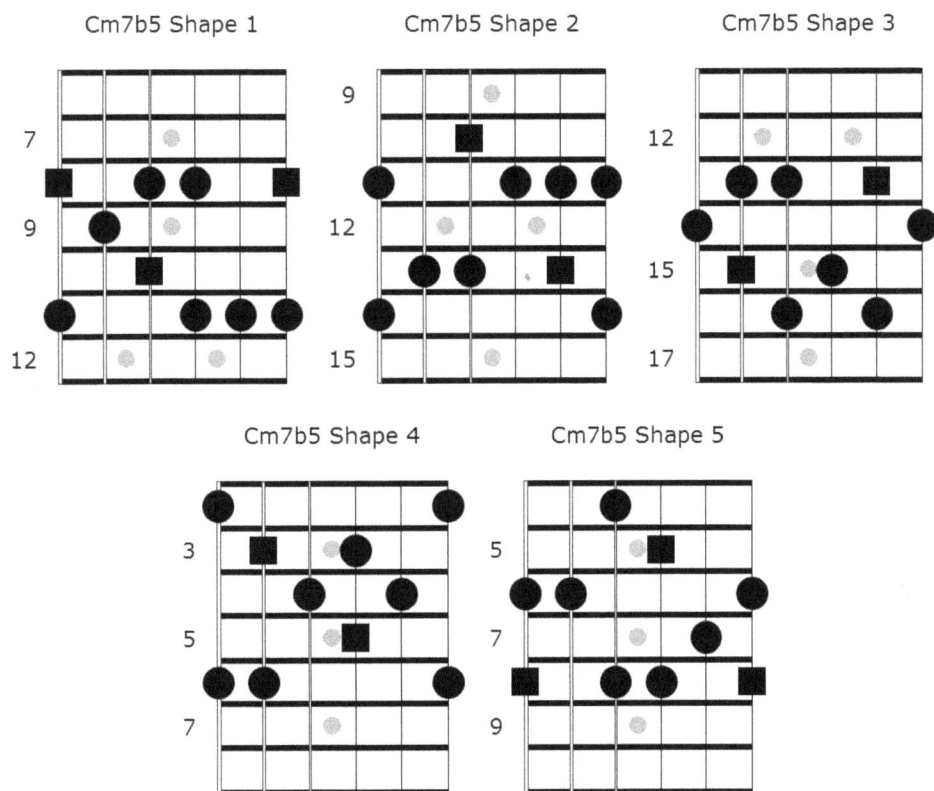

Progresiones de acordes típicas

Pista de acompañamiento locrio 1:

Pista de acompañamiento locrio 2:

Pista de acompañamiento locrio 3:

Licks útiles

Escala locria-Lick 1:

Escala locria-Lick 2:

Escala locria-Lick 3:

La escala pentatónica menor (blues)

C Blues

Fórmula: 1 b3 4 (b5) 5 b7

En una frase: el sonido esencial de la guitarra del rock y el blues.

La escala pentatónica menor (blues) es la escala más omnipresente en la música de la guitarra eléctrica moderna. Calculo que más del 80% de los solos de rock clásico se basan alrededor de este importante sonido.

La escala pentatónica menor es normalmente la primera escala que los guitarristas principiantes aprenden, y con razón. Es accesible de forma instantánea, fácil de tocar y se presta de inmediato para algunos de los licks más clásicos de guitarra jamás grabados.

En esencia, la escala pentatónica menor *es* el sonido del blues y el rock. Se puede tocar sobre tonalidades mayores y menores, y es extremadamente versátil.

La escala de blues se crea mediante la adición de una nota b5 extra a la escala pentatónica estándar. La nota adicional b5 o nota "blues", como era de esperar, añade un aire más sombrío y de estilo de blues al sonido.

La escala pentatónica menor es literalmente utilizada por todo el mundo en algún momento, por lo que es inútil enumerar a sus principales protagonistas. Lightnin' Hopkins, Jimi Hendrix, Jimmy Page, Eric Johnson y Paul Gilbert son todos excelentes ejemplos de intérpretes que han tratado a la escala pentatónica menor de diferentes maneras.

Formas de la escala pentatónica menor en C

C Minor Pentatonic
Shape 1

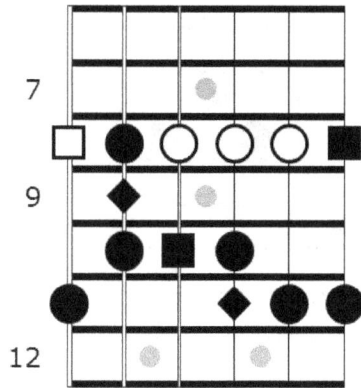

C Minor Pentatonic
Shape 2

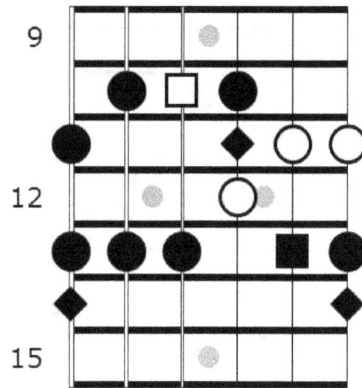

C Minor Pentatonic
Shape 3

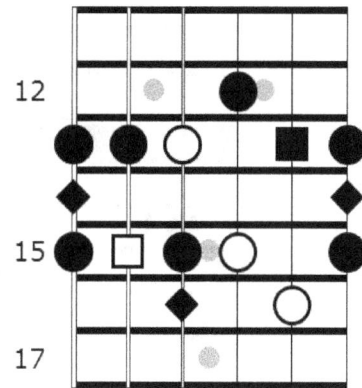

C Minor Pentatonic
Shape 4

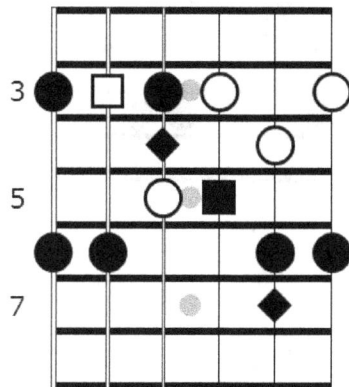

C Minor Pentatonic
Shape 5

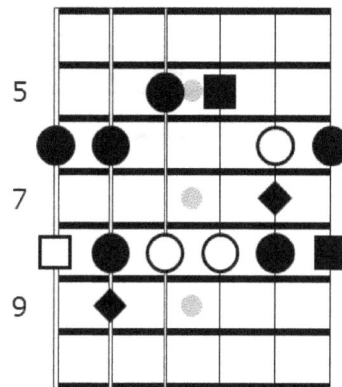

C Minor Pentatonic / Blues

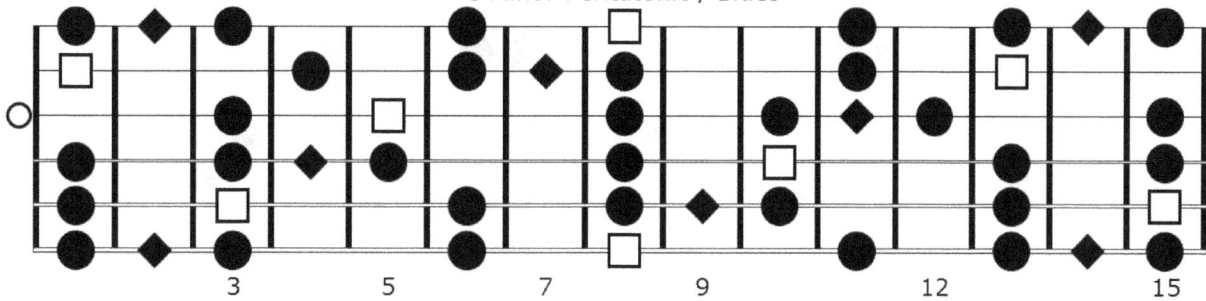

Formas de tríadas y arpegios de pentatónica menor en C

Tríadas

Cm Triad Shape 1

Cm Triad Shape 2

Cm Triad Shape 3

Cm Triad Shape 4

Cm Triad Shape 5

Arpegios

Cm7 Shape 1

Cm7 Shape 2

Cm7 Shape 3

Cm7 Shape 4

Cm7 Shape 5

Progresiones de acordes típicas

Pista de acompañamiento de pentatónica menor 1:

Pista de acompañamiento de pentatónica menor 2:

Pista de acompañamiento de pentatónica menor 3:

Licks útiles

Escala pentatónica menor-Lick 1:

Escala pentatónica menor-Lick 2:

Escala pentatónica menor-Lick 3:

La escala pentatónica mayor (blues)

C Major Pentatonic

Fórmula: 1 2 (b3) 3 5 6

En una frase: brillante y hermoso blues.

La escala pentatónica mayor es casi tan ampliamente utilizada en la música moderna como su prima menor; sin embargo, el sonido más brillante de la pentatónica mayor es menos tosco y se utiliza a menudo en combinación con la escala pentatónica menor para levantar la música a sentimientos más animados.

La escala de blues pentatónica mayor incluye un intervalo b3 adicional que lleva el sonido brillante y feliz de la escala pentatónica mayor hacia un territorio más de jazz.

La digitación de las escalas de blues mayores y menores son idénticas, y la escala de blues mayor a menudo se ve como "la misma" que la escala pentatónica menor, sólo que comenzando tres trastes más abajo.

Stevie Ray Vaughan y Jimi Hendrix eran maestros de la combinación de escalas pentatónicas mayores y menores para crear emociones ricas y complejas en sus solos.

Formas de la escala pentatónica mayor en C

C Major Pentatonic
Shape 1

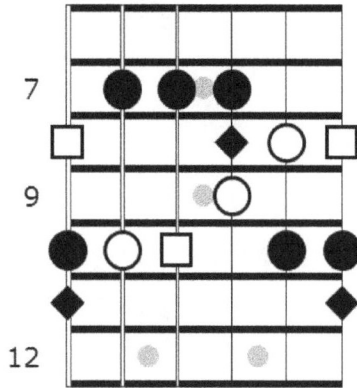

C Major Pentatonic
Shape 2

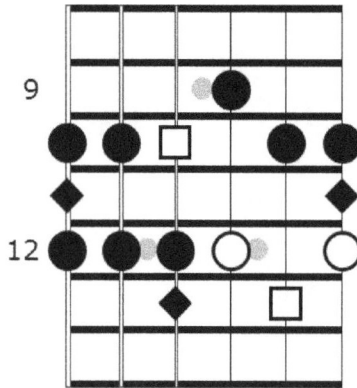

C Major Pentatonic
Shape 3

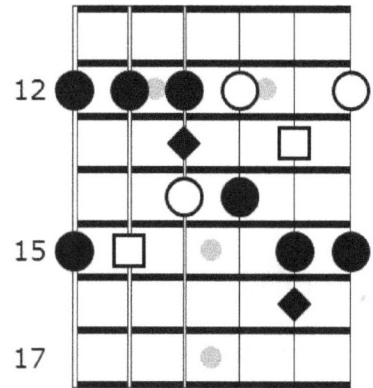

C Major Pentatonic
Shape 4

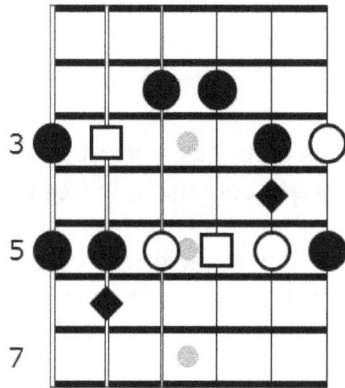

C Major Pentatonic
Shape 5

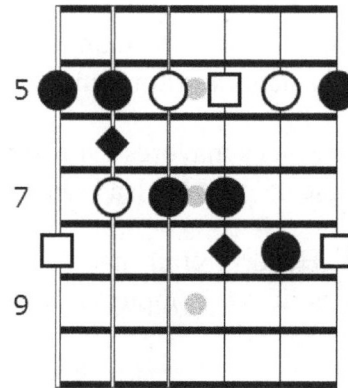

C Major Pentatonic / Blues

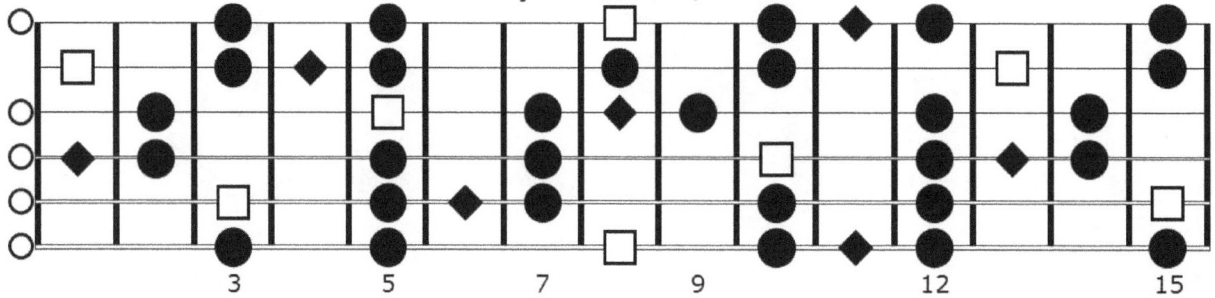

Formas de tríadas y arpegios de pentatónica mayor en C

Tríadas

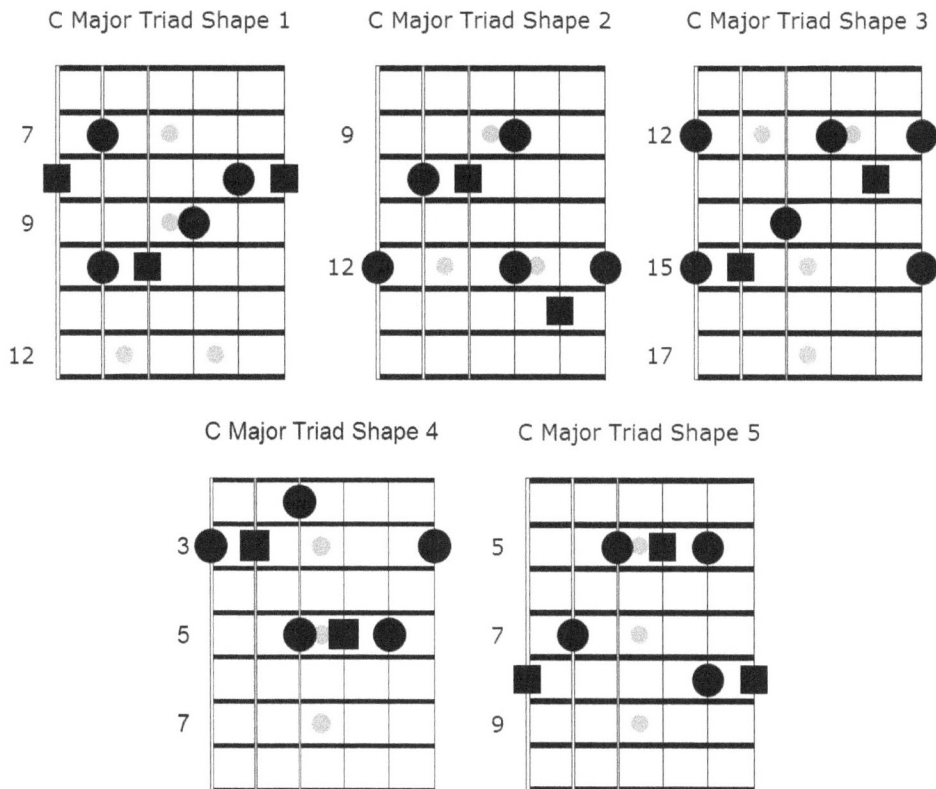

Arpegios

Mientras que puedes tocar un arpegio de sexta mayor en asociación con una escala pentatónica mayor, es tan similar a la escala original que no tiene mucho sentido utilizar ese arpegio en este contexto.

Progresiones de acordes típicas

Pista de acompañamiento de pentatónica mayor 1:

Pista de acompañamiento de pentatónica mayor 2:

Pista de acompañamiento de pentatónica mayor 3:

Licks útiles

Escala pentatónica mayor-Lick 1:

Escala pentatónica mayor-Lick 2:

Escala pentatónica mayor-Lick 3:

El modo menor melódico

C Melodic Minor

Fórmula: 1 2 b3 4 5 6 7

En una frase: jazzístico, rico y complejo.

El modo menor melódico es una de las escalas menores más comúnmente utilizadas en la música clásica y el jazz; tiene una calidad rica y profunda que trasciende géneros. La versión de la menor melódica mostrada en este libro se describiría más precisamente como la escala menor de "jazz", o la escala jónica b3, porque la verdadera escala menor melódica tradicional de la música clásica se forma de manera diferente dependiendo de si se toca ascendiendo o descendiendo.

La versión clásica de la menor melódica asciende como se muestra arriba; sin embargo, desciende de nuevo a la fundamental usando el modo eólico. La mayoría de los músicos modernos no distingue entre las versiones ascendente y descendente del modo menor melódico y normalmente ascienden y descienden usando el patrón anterior.

Como se ha mencionado, la escala menor melódica en este contexto puede ser mejor conocida como la escala jónica b3; es idéntica a la escala jónica (mayor), excepto que contiene un intervalo de b3.

Formas de la escala de C menor melódico

C Melodic Minor Shape 1

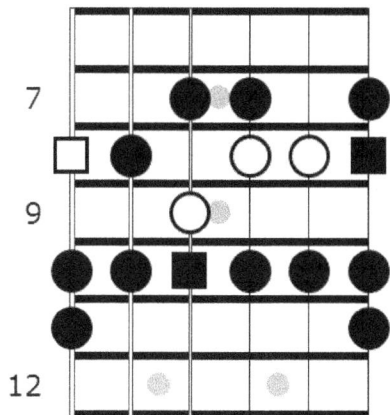

C Melodic Minor Shape 2

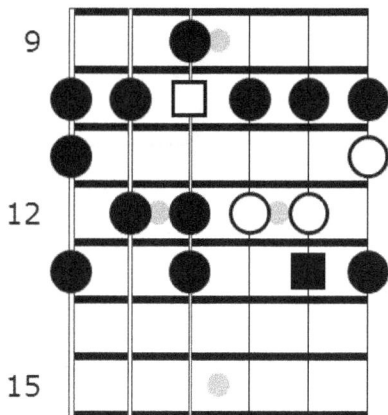

C Melodic Minor Shape 3

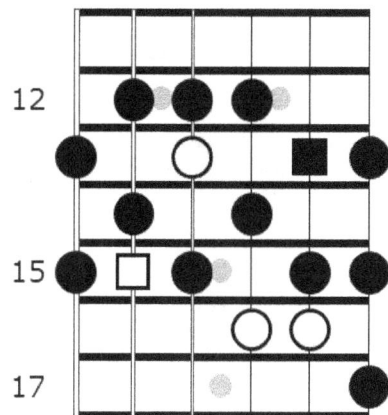

C Melodic Minor Shape 4

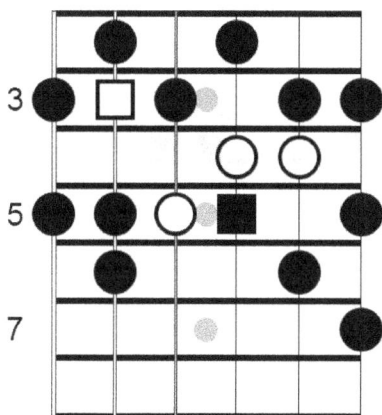

C Melodic Minor Shape 5

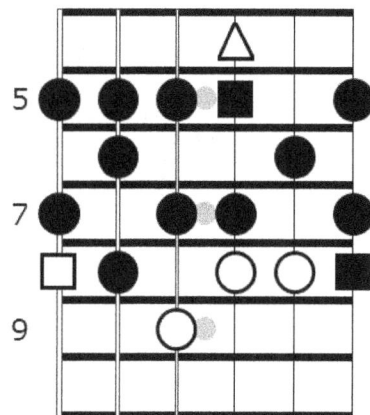

C Melodic Minor

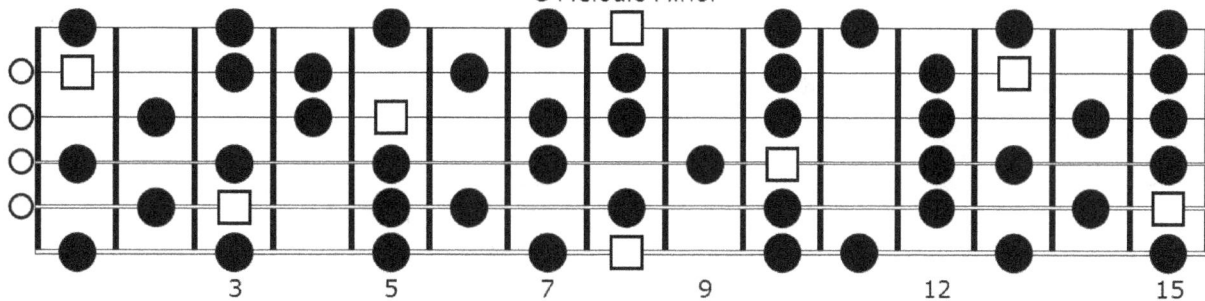

Formas de tríadas y arpegios de C menor melódico

Tríadas

Cm Triad Shape 1

Cm Triad Shape 2

Cm Triad Shape 3

Cm Triad Shape 4

Cm Triad Shape 5

Arpegios

C mMaj7 Shape 1

C mMaj7 Shape 2

C mMaj7 Shape 3

C mMaj7 Shape 4

C mMaj7 Shape 5

Progresiones de acordes típicas

Pista de acompañamiento de menor melódico 1:

Pista de acompañamiento de menor melódico 2:

Pista de acompañamiento de menor melódico 3:

Licks útiles

Escala menor melódica-Lick 1:

Escala menor melódica-Lick 2:

Escala menor melódica-Lick 3:

El modo lidio dominante

Fórmula: 1 2 3 #4 5 6 b7

Escala madre: menor melódica

Modo: 4

En una frase: fusión rock y blues.

El tema de los Simpson - Danny Elfman

El modo lidio dominante es muy común en el jazz y la fusión. Tiene una construcción muy similar a la del modo mixolidio, pero tiene un 4to grado elevado. Se utiliza normalmente sobre acordes de 7ma dominante, y la mayoría de los músicos tienden a ver el grado #4 como un b5, lo cual es similar a la escala de blues más común. Por esta razón los modos mixolidio, blues y lidio dominante a menudo se combinan libremente.

El lidio dominante se utiliza a menudo en acordes de 7ma dominante tanto estáticos como funcionales (que se resuelven), y proporciona un gran "cruce" entre el blues tradicional y el jazz blues.

Formas de la escala de C lidio dominante

C Lydian Dominant
Shape 1

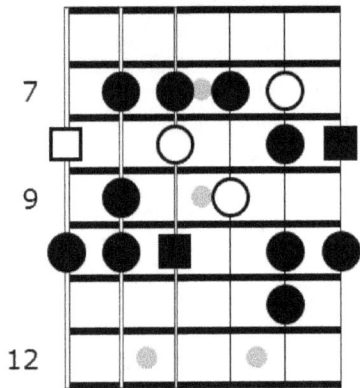

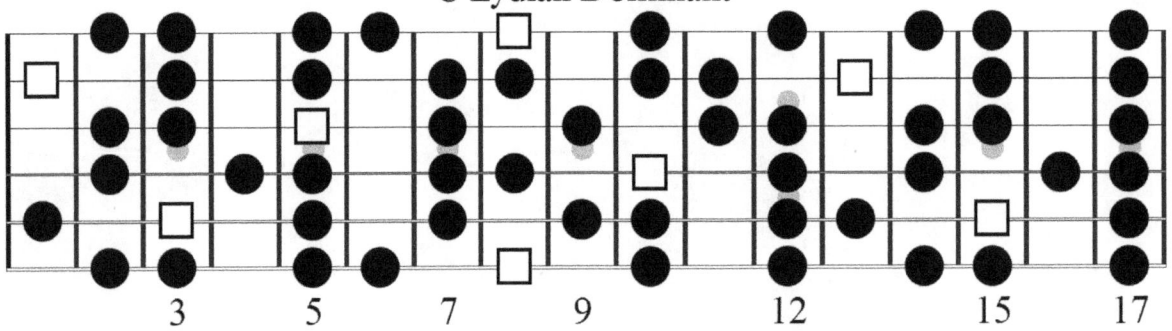

C Lydian Dominant
Shape 2

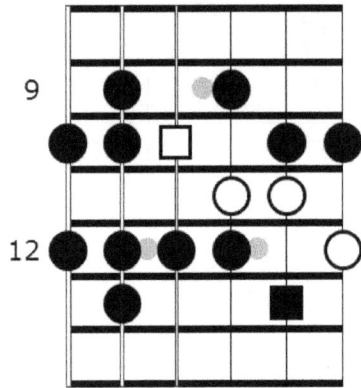

C Lydian Dominant
Shape 3

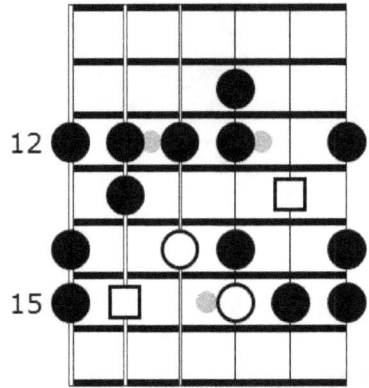

C Lydian Dominant
Shape 4

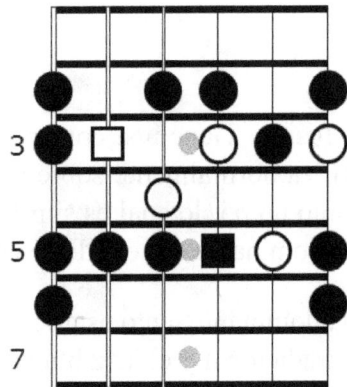

C Lydian Dominant
Shape 5

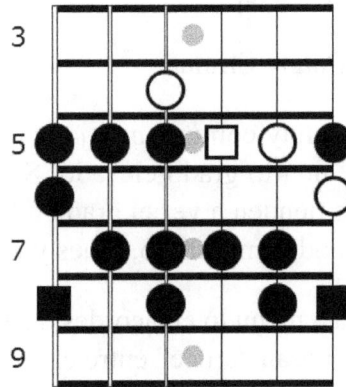

C Lydian Dominant

Formas de tríadas y arpegios de C lidio dominante

Tríadas

C Majb5 Triad Shape 1

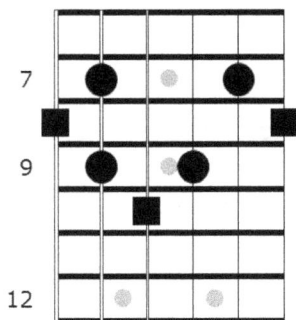

C Majb5 Triad Shape 2

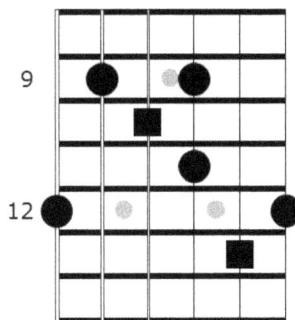

C Majb5 Triad Shape 3

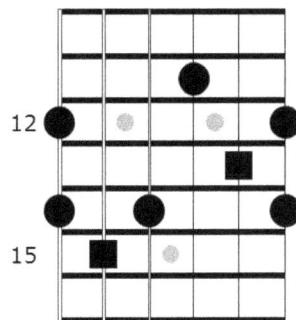

C Majb5 Triad Shape 4

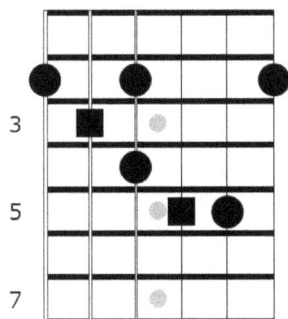

C Majb5 Triad Shape 5

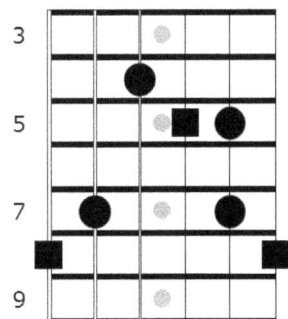

Arpegios

C7b5 Shape 1

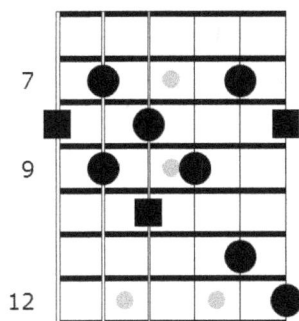

C7b5 Shape 2

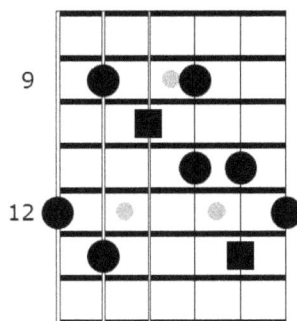

C7b5 Shape 3

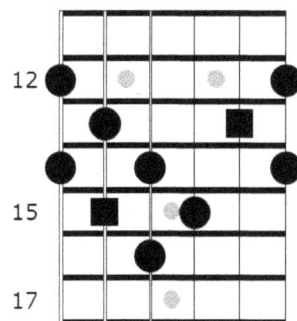

C7b5 Shape 4

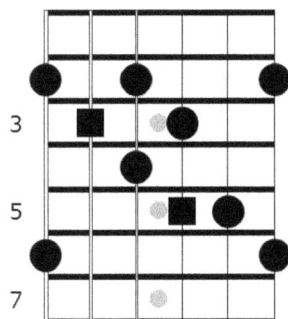

C7b5 Shape 5

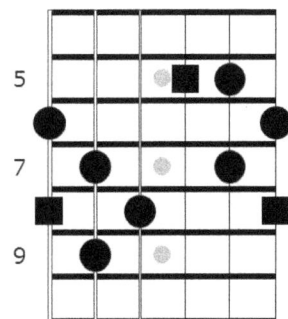

Progresiones de acordes típicas

Pista de acompañamiento de lidio dominante 1:

Pista de acompañamiento de lidio dominante 2:

Pista de acompañamiento de lidio dominante 3:

Licks útiles

Escala lidia dominante-Lick 1:

Escala lidia dominante-Lick 2:

Escala lidia dominante-Lick 3:

La escala alterada

C Altered Scale

Fórmula: 1 b2 #2 3 b5 #5 b7

Escala madre: menor melódica

Modo: 7

En una frase: generalmente se utiliza en el jazz y la fusión; añade *todas* las posibles tensiones alteradas a un acorde dominante.

Es, sin duda, para los verdaderos intérpretes del jazz: el modo alterado o "súper locrio" comprende la fundamental y los tonos guía de un acorde de 7ma dominante (1, 3 y b7), además de *todas* las posibles alteraciones cromáticas para el acorde de 7ma dominante (b9, #9, b5 y #5). Se presta perfectamente para utilizarse sobre un acorde dominante alterado que se resuelve en la tónica de la tonalidad, por ejemplo:

C7#5b9 - Fm7

Técnicamente, los teóricos pueden decir que es más adecuado usarla cuando el acorde dominante se resuelve en un acorde tónico menor; sin embargo, todavía se utiliza comúnmente cuando el acorde dominante se resuelve en un acorde mayor.

Es importante tener en cuenta que la escala alterada *no* contiene un 5to grado natural, lo que le da un sonido extremadamente inestable; sin embargo, debido a que se utiliza normalmente en acordes dominantes funcionales, esta característica puede funcionar muy bien.

Esta escala es a menudo llamada el modo súper locrio porque es idéntico al modo locrio, pero contiene un b4 (intervalo de 3ra mayor). Por esta razón, la escala alterada funciona de manera muy diferente y, se considera un modo mayor y se utiliza sobre acordes de tipo dominante.

La escala alterada se puede utilizar sobre un acorde dominante alterado estático como se muestra en las siguientes progresiones y, si bien esta es una manera muy útil de practicarlo para poder familiarizarse con su sabor único, es raro ver que se utilice musicalmente en este contexto.

Formas de la escala de C alterado

C Altered Shape 1

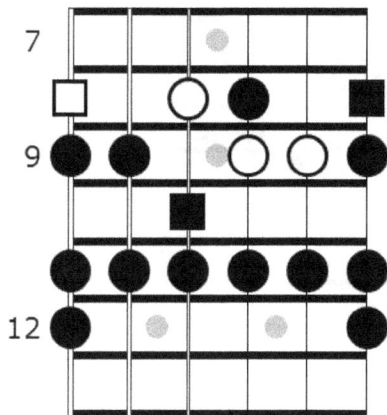

C Altered Shape 2

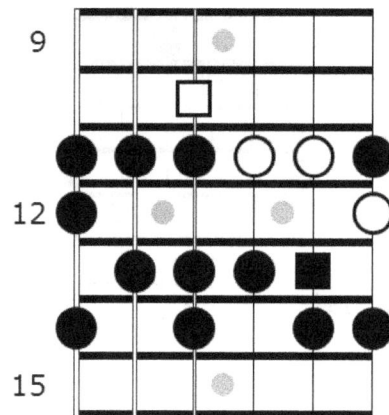

C Altered Shape 3

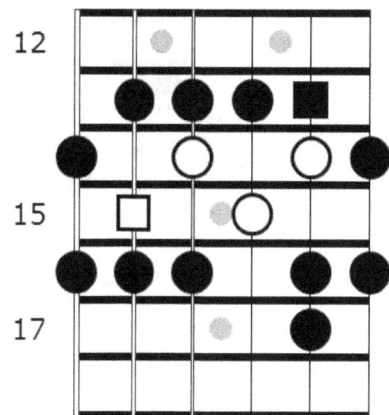

C Altered Shape 4

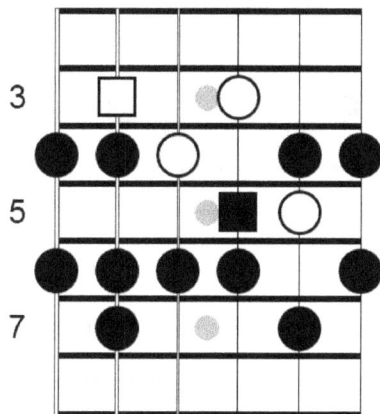

C Altered Shape 5

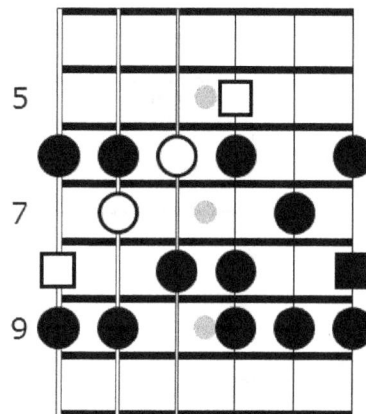

C Altered Scale

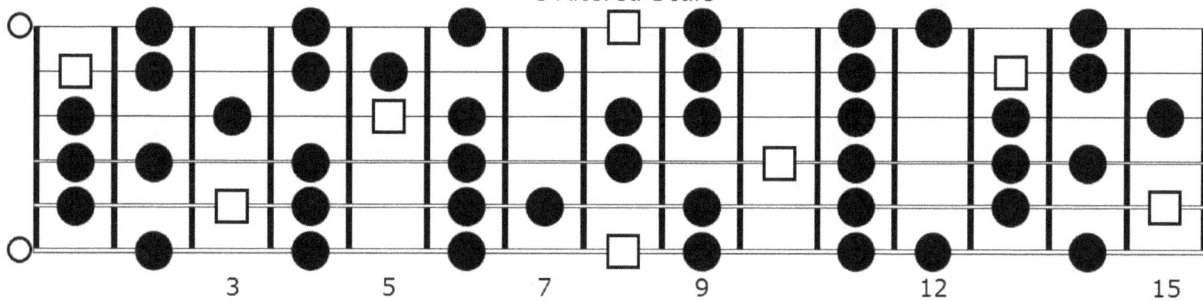

Formas de tríadas y arpegios de C alterado

Tríadas

C Augmented Shape 1   C Augmented Shape 2   C Augmented Shape 3

C Augmented Shape 4   C Augmented Shape 5

Arpegios

C7#5 Shape 1   C7#5 Shape 2   C7#5 Shape 3

C7#5 Shape 4   C7#5 Shape 5

Progresiones de acordes típicas

Pista de acompañamiento de escala alterada 1:

Pista de acompañamiento de escala alterada 2:

Pista de acompañamiento de escala alterada 3:

Licks útiles

Escala alterada-Lick 1:

Escala alterada-Lick 2:

Escala alterada-Lick 3:

La escala menor armónica

C Harmonic Minor

Fórmula: 1 2 b3 4 5 b6 7

En una frase: neoclásica, metal y jazz gitano.

La escala menor armónica puede sonar un poco pasada de moda hoy en día pero, si se usa con moderación, este sabor único puede añadir profundidad e inteligencia a tus solos.

La escala menor armónica se caracteriza por el salto de un tono y medio entre el b6 y el 7mo grado natural, y al instante evoca un ambiente árabe/medio oriente. Esto es causado por el salto de un tono y medio entre el b6 y el 7mo grado natural (de Ab a B en la tonalidad de C).

Tradicionalmente, la escala menor armónica (fiel a su nombre) ha sido la fuente de armonía menor y estructura de acordes en la música clásica. Mientras que las piezas musicales escritas en tonalidades mayores generalmente toman sus acordes de la escala mayor armonizada, las piezas musicales en tonalidades menores normalmente derivan sus acordes de la escala menor armónica armonizada. Puede que no te sorprenda saber que la mayoría de las *melodías* menores clásicas se derivan de la escala menor *melódica* debido a su construcción más suave de pasos de tonos y semitonos (no hay un tono y medio entre los grados b6 y 7 como en la menor armónica).

Si bien la escala menor armónica está estrechamente asociada con "trituradores" neoclásicos de hoy en día, tales como Yngwie Malmsteen, es justo decir que muchos de ellos tienden a ver a la escala menor armónica desde el punto de vista de su quinto modo, el frigio dominante (examinado en el siguiente capítulo). Por ejemplo, cuando se toca en la tonalidad de A menor, muchos intérpretes estarán *pensando* el E frigio dominante. Las notas son las mismas, pero lo creas o no, ver a la menor armónica desde el punto de vista del quinto grado tiende a simplificar nuestro pensamiento.

Esto no quiere decir que la escala menor armónica no sea útil y no se use de forma independiente; es una herramienta increíblemente poderosa para los solos de rock oscuros.

Formas de la escala de C menor armónico

C Harmonic Minor
Shape 1

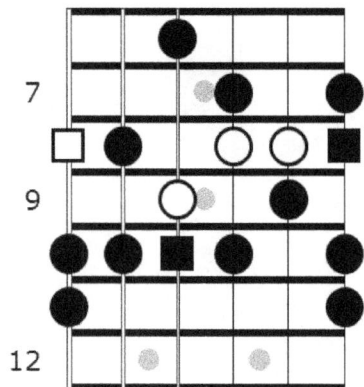

C Harmonic Minor
Shape 2

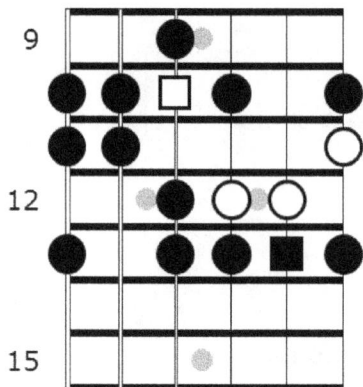

C Harmonic Minor
Shape 3

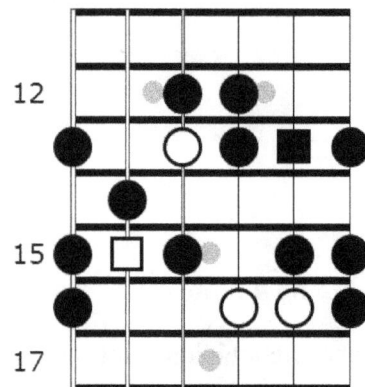

C Harmonic Minor
Shape 4

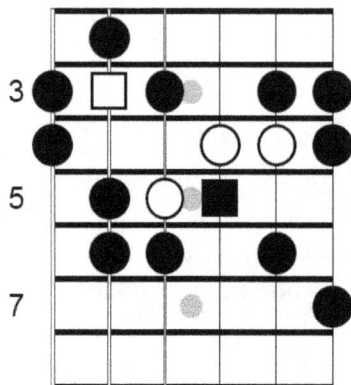

C Harmonic Minor
Shape 5

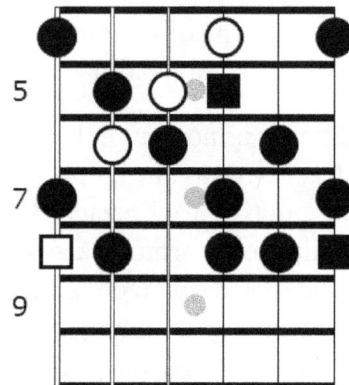

C Harmonic Minor

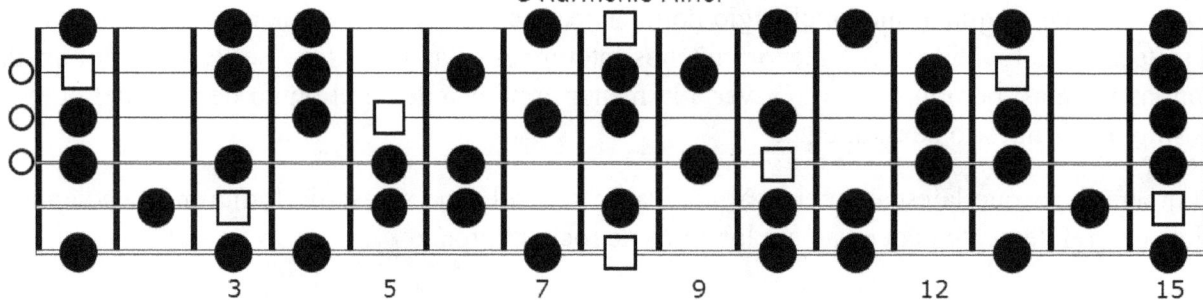

Formas de tríadas y arpegios de C menor armónico

Tríadas

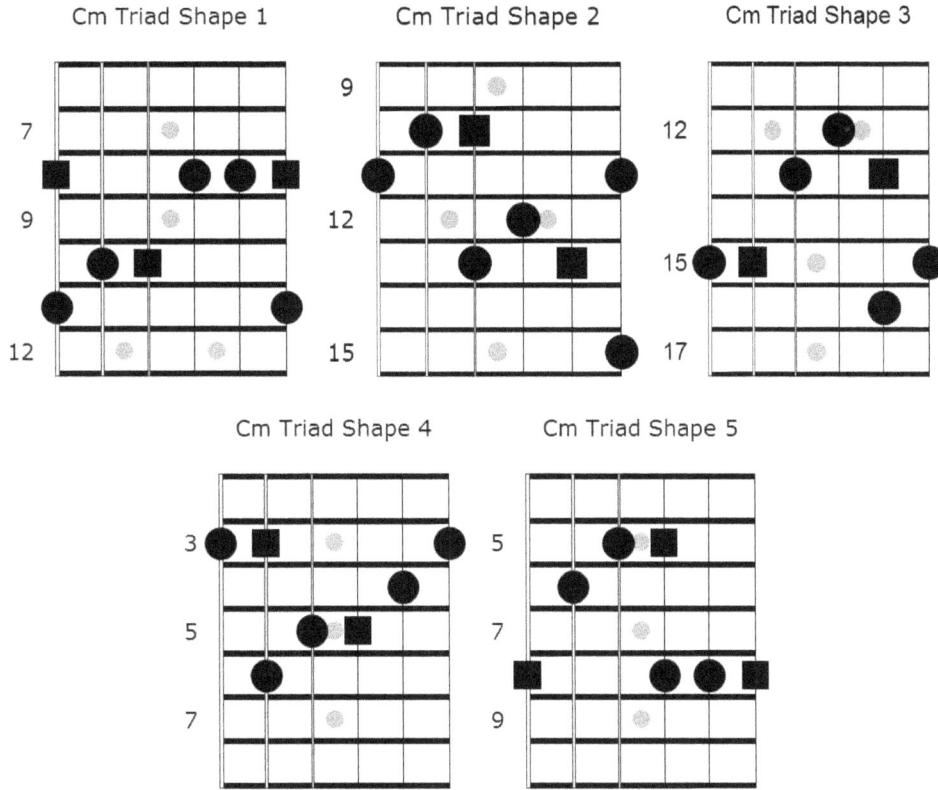

Arpegios

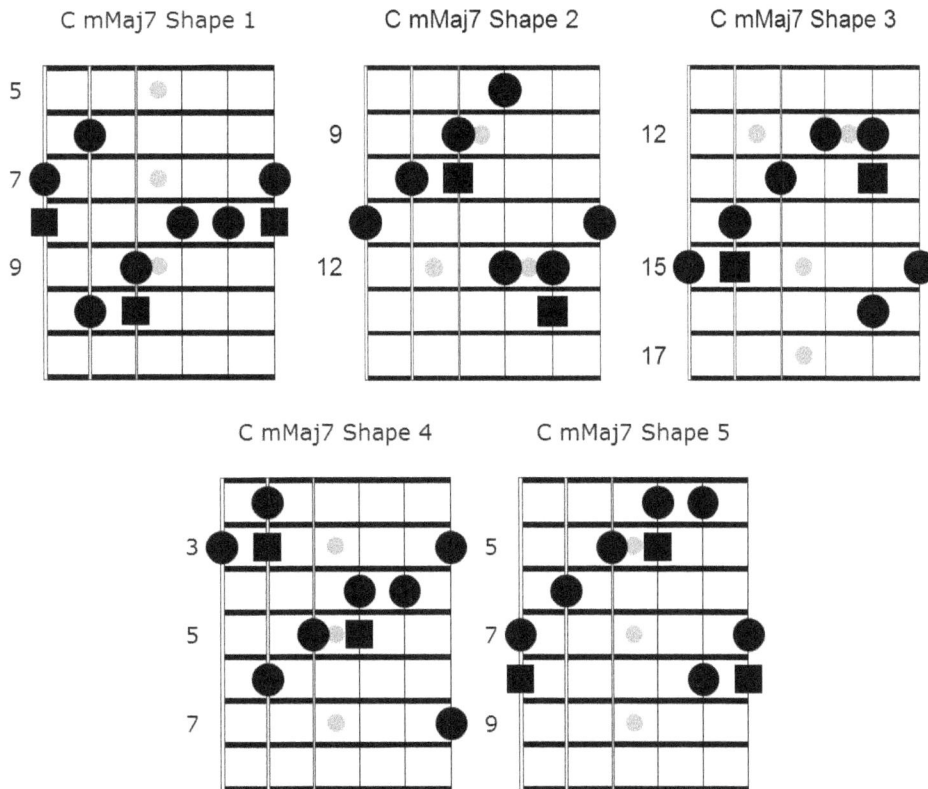

Progresiones de acordes típicas

Pista de acompañamiento de menor armónico 1:

Pista de acompañamiento de menor armónico 2:

Pista de acompañamiento de menor armónico 3:

Licks útiles

Escala menor armónica-Lick 1:

Escala menor armónica-Lick 2:

Escala menor armónica-Lick 3:

El modo frigio dominante

Fórmula: 1 b2 3 4 5 b6 b7

Escala madre: menor armónica

Modo: 5

En una frase: flamenco intenso. A menudo se utiliza en el jazz cuando un acorde dominante se resuelve en un acorde menor.

La escala frigia dominante es extremadamente popular tanto en el jazz como en el rock. Tiene una calidad muy española y gitana, lo que la hace fácilmente reconocible.

Muchas personas consideran que el modo frigio dominante es la escala principal de la mayoría de la música flamenca.

En el rock ha sido comúnmente utilizado por Rush y Metallica, y se utiliza en la famosa sección de "pick tapping" en *Surfin' with the Alien* de Joe Satriani (01:09).

El modo frigio dominante es uno de los favoritos de los intérpretes de rock neoclásico como Yngwie Malmsteen, pues el paso de un tono y medio entre el b2 y la 3ra mayor crea al instante una marcada sensación clásica.

En el jazz, el modo frigio dominante se utiliza a menudo en un ii v i menor. Cuando se tocan sobre un acorde dominante funcional (que se resuelve), las melodías de frigio dominante implican fuertemente una resolución a la tónica menor, porque el grado b6 del modo frigio dominante se convierte en la 3ra menor del acorde tónico.

Formas de la escala de C frigio dominante

C Phrygian Dominant
Shape 1

C Phrygian Dominant
Shape 2

C Phrygian Dominant
Shape 3

C Phrygian Dominant
Shape 4

C Phrygian Dominant
Shape 5

C Phrygian Dominant

Formas de tríadas y arpegios de C frigio dominante

Tríadas

C Major Triad Shape 1

C Major Triad Shape 2

C Major Triad Shape 3

C Major Triad Shape 4

C Major Triad Shape 5

Arpegios

C7 Shape 1

C7 Shape 2

C7 Shape 3

C7 Shape 4

C7 Shape 5

Progresiones de acordes típicas

Pista de acompañamiento frigio dominante 1:

Pista de acompañamiento frigio dominante 2:

Pista de acompañamiento frigio dominante 3:

Licks útiles

Escala frigia dominante-Lick 1:

Escala frigia dominante-Lick 2:

Escala frigia dominante-Lick 3:

La escala bebop mixolidia

C Mixolydian Bop

Fórmula: 1 2 3 4 5 6 b7 7

Escala madre: mayor

Modo: 5

En una frase: jazz blues.

La escala bebop mixolidia tiene la misma función que la escala mixolidia pura. Sin embargo, tiene una nota adicional; una 7ma natural entre el b7 y la fundamental.

Esta nota se añade con el fin de crear una escala de ocho notas. Las escalas de ocho notas son muy útiles en el jazz (una música que se basaba inicialmente en la interpretación de corcheas), ya que nos ayudan a mantener los tonos de arpegio sobre el pulso mientras tocamos líneas largas.

Por ejemplo, si inicias una frase en un tono de arpegio y asciendes o desciendes la escala con corcheas, automáticamente estarás tocando los tonos del arpegio (la fundamental, 3ra, 5ta o b7ma) sobre los pulsos acentuados. Como los solos de jazz a menudo se basan alrededor de estas notas de arpegio, las escalas bebop proporcionan una manera fácil de construir frases de escalas más largas al no tener que preocuparse demasiado acerca de la colocación de notas de arpegio.

Trata de tocar la escala bebop mixolidia de C con corcheas comenzando en la fundamental (C), y observa que las notas de arpegio (C, E, G y Bb) siempre caerán en un pulso acentuado. Siempre que comiences en un tono de arpegio se aplicará esta regla.

Formas de la escala de C bebop mixolidio

C Mixolydian Bebop Shape 1

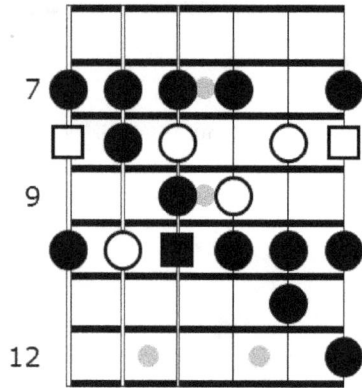

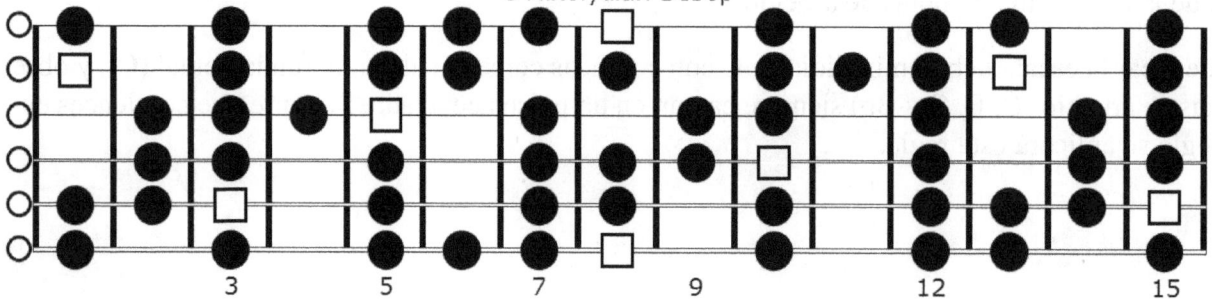

C Mixolydian Bebop Shape 2

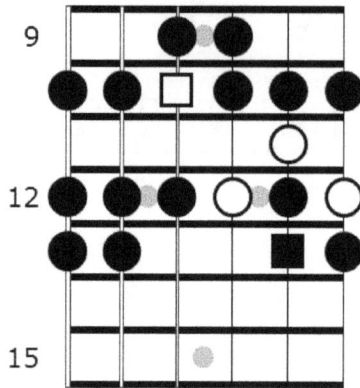

C Mixolydian Bebop Shape 3

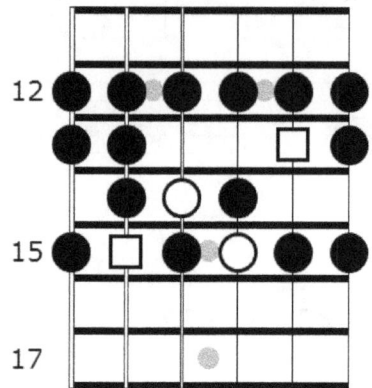

C Mixolydian Bebop Shape 4

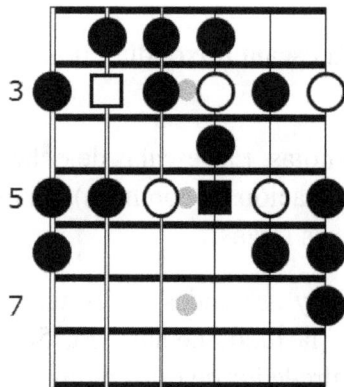

C Mixolydian Bebop Shape 5

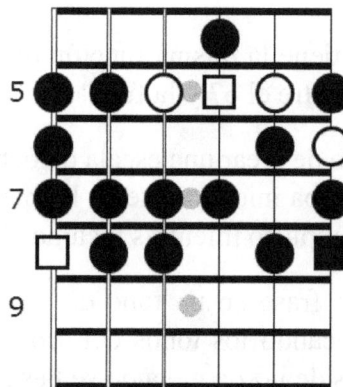

C Mixolydian Bebop

Formas de tríadas y arpegios de C bebop mixolidio

Tríadas

C Major Triad Shape 1 | C Major Triad Shape 2 | C Major Triad Shape 3

C Major Triad Shape 4 | C Major Triad Shape 5

Arpegios

C7 Shape 1 | C7 Shape 2 | C7 Shape 3

C7 Shape 4 | C7 Shape 5

Progresiones de acordes típicas

Pista de acompañamiento de bebop mixolidio 1:

Pista de acompañamiento de bebop mixolidio 2:

Pista de acompañamiento de bebop mixolidio 3:

Licks útiles

Escala bebop mixolidia-Lick 1:

Escala bebop mixolidia-Lick 2:

Escala bebop mixolidia-Lick 3:

La escala bebop dórica

C Dorian Bop

Fórmula: 1 2 b3 4 5 6 b7 7

Escala madre: mayor

Modo: 2

En una frase: blues menor con estilo de jazz relajado.

Hay *dos* escalas bebop dóricas que se usan comúnmente. Una es el modo dórico con una 7ma natural añadida como se muestra, la otra es el modo dórico con una 3ra natural añadida (1 2 b3 3 4 5 6 b7). Este libro se centra en la escala bebop dórica con una 7ma natural añadida.

La escala bebop dórica tiene la misma función que la escala dórica pura. Sin embargo, tiene una nota adicional; una 7ma natural entre el b7 y la fundamental.

Esta nota se añade con el fin de crear una escala de ocho notas. Las escalas de ocho notas son muy útiles en el jazz (una música que se basaba inicialmente en la interpretación de corcheas), ya que nos ayudan a mantener los tonos de arpegio sobre el pulso mientras tocamos líneas largas.

Por ejemplo, si inicias una frase en un tono de arpegio y asciendes o desciendes en la escala bebop con corcheas, continuarás tocando los tonos de arpegio (la fundamental, b3ra, 5ta o b7ma) sobre un pulso. Como los solos de jazz a menudo se basan alrededor de estas notas de arpegio, las escalas bebop proporcionan una manera fácil de construir frases de escalas más largas al no tener que preocuparse demasiado acerca de la colocación de notas de arpegio.

Trata de tocar la escala bebop dórica en C con corcheas comenzando en la fundamental (C), y observa que las notas de arpegio (C, Eb, G y Bb) siempre caerán en un pulso acentuado. Siempre que comiences en un tono de arpegio se aplicará esta regla.

Formas de la escala de C bebop dórico

C Dorian Bebop Shape 1

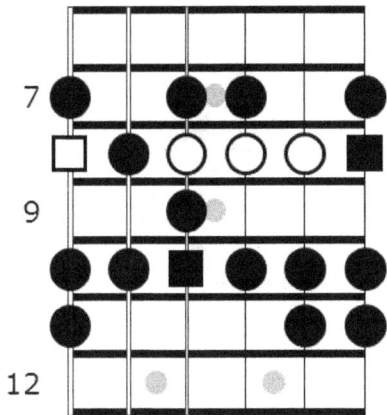

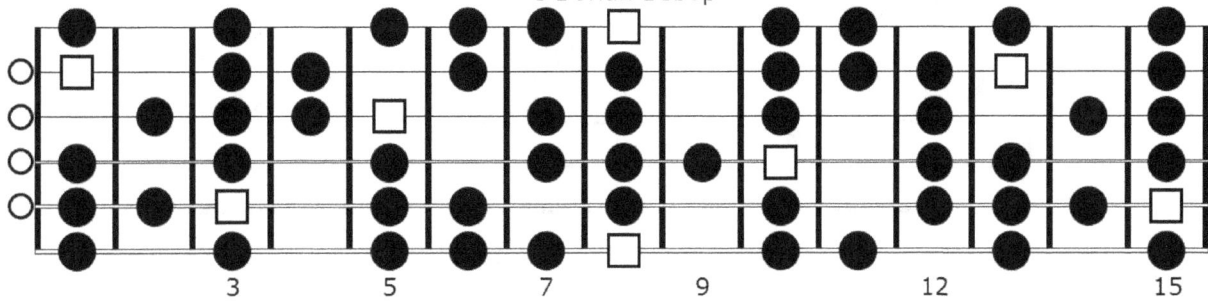

C Dorian Bebop Shape 2

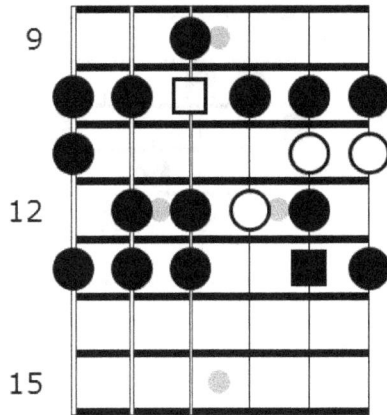

C Dorian Bebop Shape 3

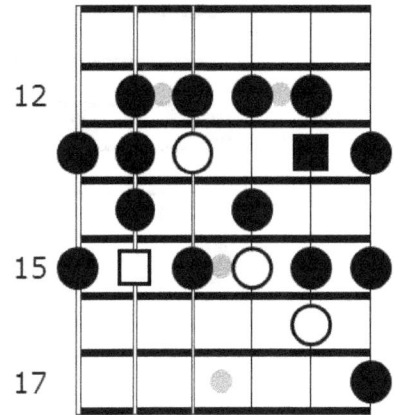

C Dorian Bebop Shape 4

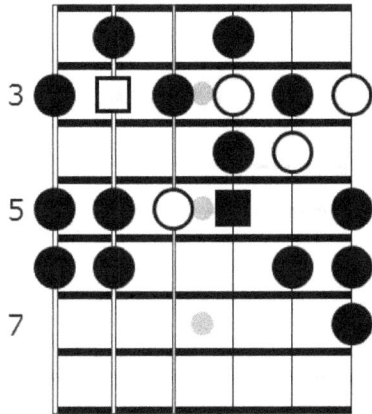

C Dorian Bebop Shape 5

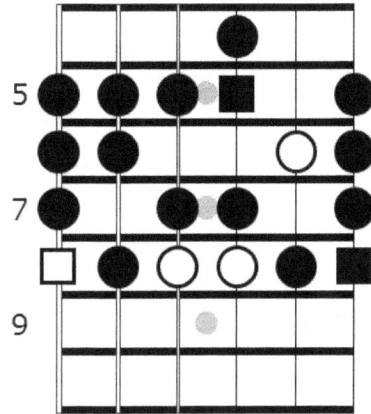

C Dorian Bebop

Formas de tríadas y arpegios de C bebop dórico

Tríadas

Cm Triad Shape 1

Cm Triad Shape 2

Cm Triad Shape 3

Cm Triad Shape 4

Cm Triad Shape 5

Arpegios

Cm7 Shape 1

Cm7 Shape 2

Cm7 Shape 3

Cm7 Shape 4

Cm7 Shape 5

Progresiones de acordes típicas

Pista de acompañamiento de bebop dórico 1:

Pista de acompañamiento de bebop dórico 2:

Pista de acompañamiento de bebop dórico 3:

Licks útiles

Escala bebop dórica-Lick 1:

Escala bebop dórica-Lick 2:

Escala bebop dórica-Lick 3:

La escala simétrica disminuida

C Half Whole

Fórmula: 1 b2 #2 3 b5 5 6 b7 (b5 se escribe a menudo como # 4)

Escala sintética de transposición limitada.

En una frase: disonancia con estilo de jazz y fusión, de uso común en el jazz cuando un acorde dominante se resuelve en un acorde mayor.

Las escalas sintéticas son aquellas que no ocurren "naturalmente" en un sistema modal; pueden ser identificadas como artificiales por el uso de un patrón (sintético) particular de repetición de tonos y semitonos en su construcción.

Por ejemplo, la escala simétrica disminuida se forma siguiendo el patrón de *medio tono, tono entero, medio tono, tono entero, etc*. Al seguir este patrón se genera una escala de ocho notas que se presta mucho para tocar patrones melódicos y "geométricos" en los solos. Es inusual derivar acordes y armonías de las escalas sintéticas, pero a veces sucede en el jazz y la fusión modernos. La escala simétrica disminuida se utiliza con mayor frecuencia en el jazz sobre un acorde dominante funcional (que se resuelve) que se mueva a un acorde de 7ma mayor que se encuentre a una quinta de distancia, por ejemplo:

C7 - FMaj7

La escala simétrica disminuida también se puede utilizar para hacer solos sobre ciertos acompañamientos improvisados de acordes específicos; estos se demuestran en los ejemplos musicales.

La frase "escala de transposición limitada" significa que sólo hay un número limitado de tonalidades en las que se puede tocar una escala debido a la naturaleza geométrica de su construcción. Por ejemplo, la escala de C simétrica disminuida es idéntica a las escalas de Eb simétrica disminuida, F# simétrica disminuida y A simétrica disminuida.

En otras palabras, la escala se repite cada tercera menor (tres trastes). Esto es fácil de ver observando el diagrama del diapasón en la página siguiente.

Formas de la escala de C simétrica disminuida

C Half Whole Shape 1

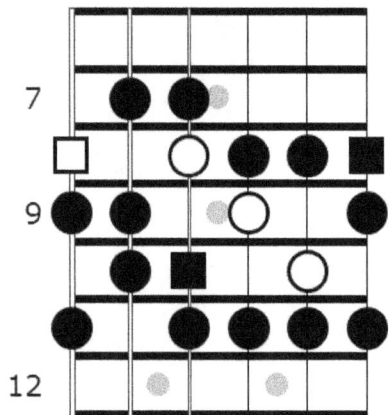

C Half Whole Shape 2

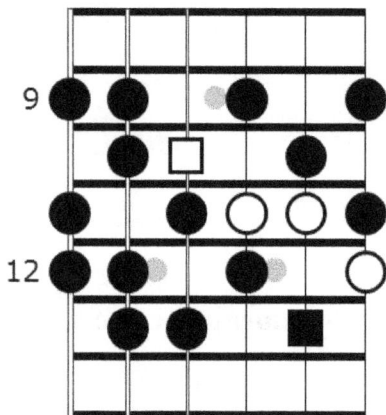

C Half Whole Shape 3

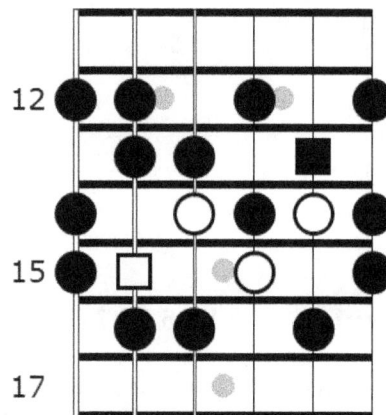

C Half Whole Shape 4

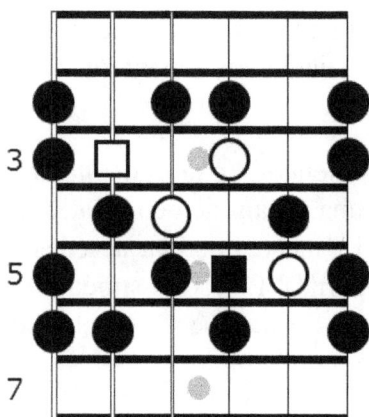

C Half Whole Shape 5

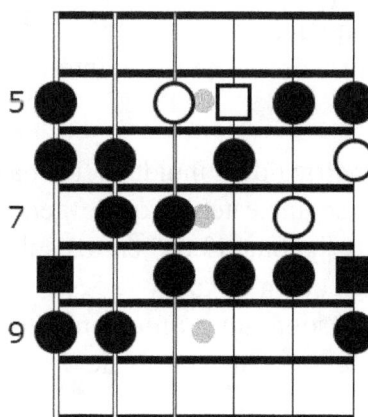

C Half Whole Diminished Scale

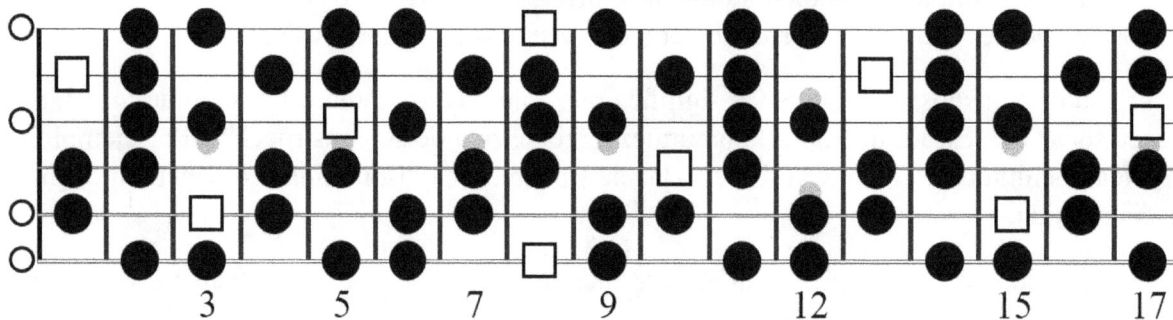

Formas de tríadas y arpegios de C simétrica disminuida

C Majb5 Triad Shape 1
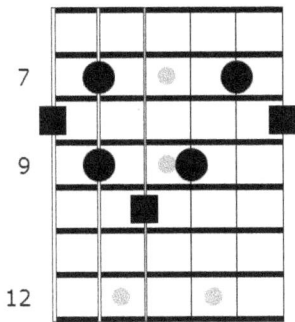

C Majb5 Triad Shape 2
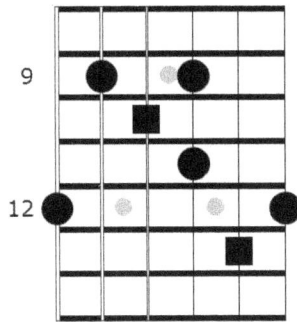

C Majb5 Triad Shape 3
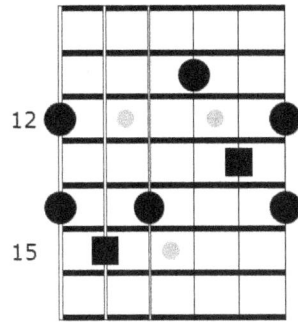

C Majb5 Triad Shape 4
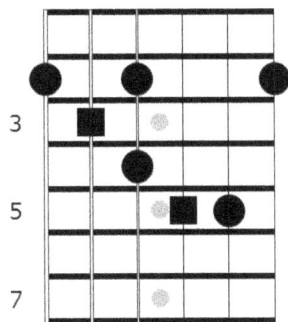

C Majb5 Triad Shape 5
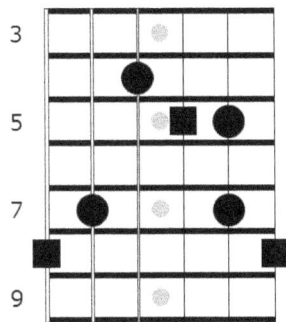

Arpegios

C7b5 Shape 1
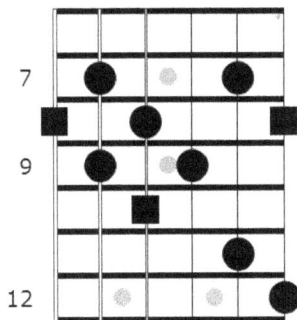

C7b5 Shape 2
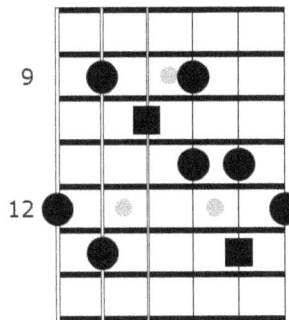

C7b5 Shape 3
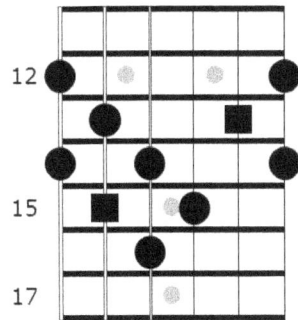

C7b5 Shape 4
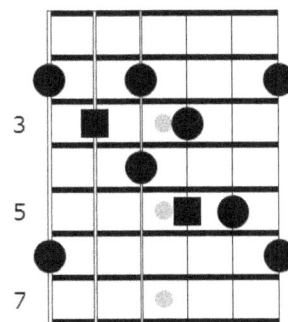

C7b5 Shape 5
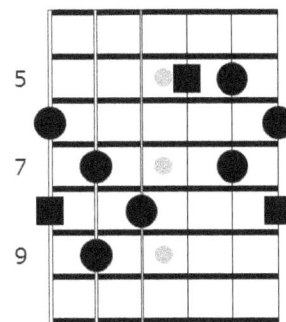

Progresiones de acordes típicas

Pista de acompañamiento-Escala simétrica disminuida 1:

Pista de acompañamiento-Escala simétrica disminuida 2:

Pista de acompañamiento-Escala simétrica disminuida 3:

Licks útiles

Escala simétrica disminuida-Lick 1:

Escala simétrica disminuida-Lick 2:

Escala simétrica disminuida-Lick 3:

La escala de tonos enteros

C Whole Tone

Fórmula: 1 2 3 #4 #5 b7

Escala sintética de transposición limitada

En una frase: disonancia simétrica extendida, a menudo utilizada en el jazz cuando un acorde dominante se resuelve en un acorde menor.

La escala de tonos enteros es otra escala sintética. Se crea manteniendo una distancia de un tono entre cada grado de la escala. La escala de tonos enteros contiene sólo seis tonos individuales y debido a su construcción sólo hay dos transposiciones de la escala.

Las notas de C de tonos enteros y de D de tonos enteros son idénticas (esto es fácil de ver en el diagrama del diapasón completo en la página siguiente), por lo que sólo dos tonalidades cubren todas las transposiciones en las cuales se puede tocar la escala: C y C#. Esto no quiere decir que la escala de tonos enteros sólo se puede tocar en una tonalidad; significa que las notas en C, D, E, F#, G# y A# de tonos enteros son idénticas.

Al ser una escala simétrica, la escala de tonos enteros, al igual que la escala simétrica disminuida, se presta para las líneas musicales "geométricas" y es común escuchar muchas secuencias y patrones creados a partir de su estructura.

Es extremadamente raro escuchar progresiones de acordes construidas a partir de la escala de tonos enteros, pero es comúnmente usada como un recurso melódico cuando un acorde de 7ma dominante #5 se resuelve en un acorde menor tónico. Por ejemplo:

C7#5 a F menor

La escala de tonos enteros también se puede utilizar en ciertas progresiones de acordes bien diseñadas, algunas de las cuales se muestran en las siguientes páginas.

Formas de la escala de C de tonos enteros

C Whole Tone Shape 1

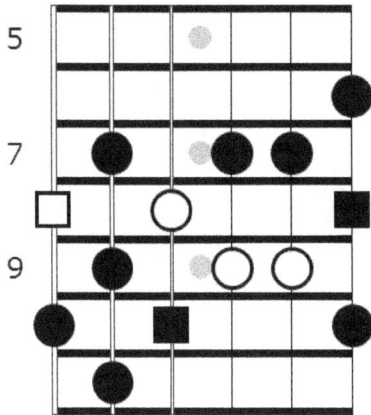

C Whole Tone Shape 2

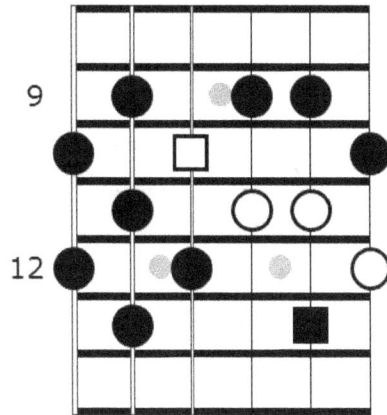

C Whole Tone Shape 3

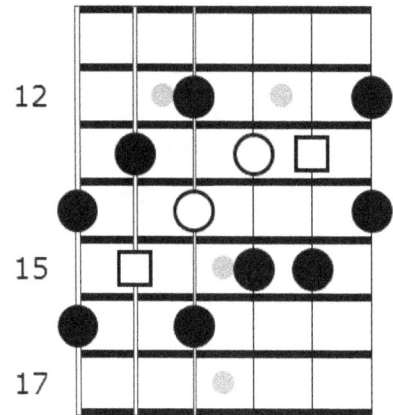

C Whole Tone Shape 4

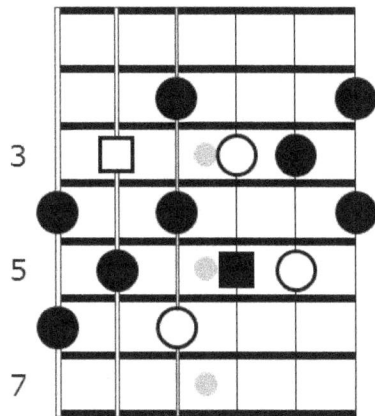

C Whole Tone Shape 5

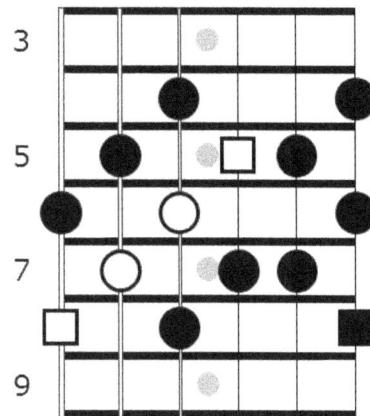

C Whole Tone Scale

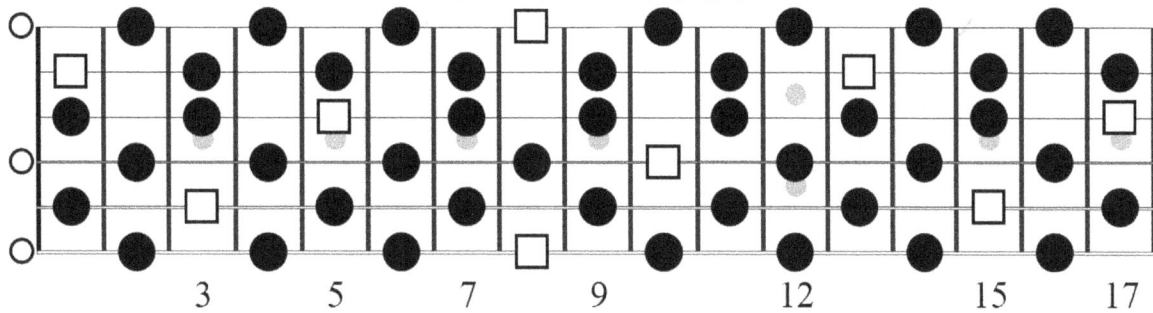

Formas de tríadas y arpegios de C de tonos enteros

Tríadas

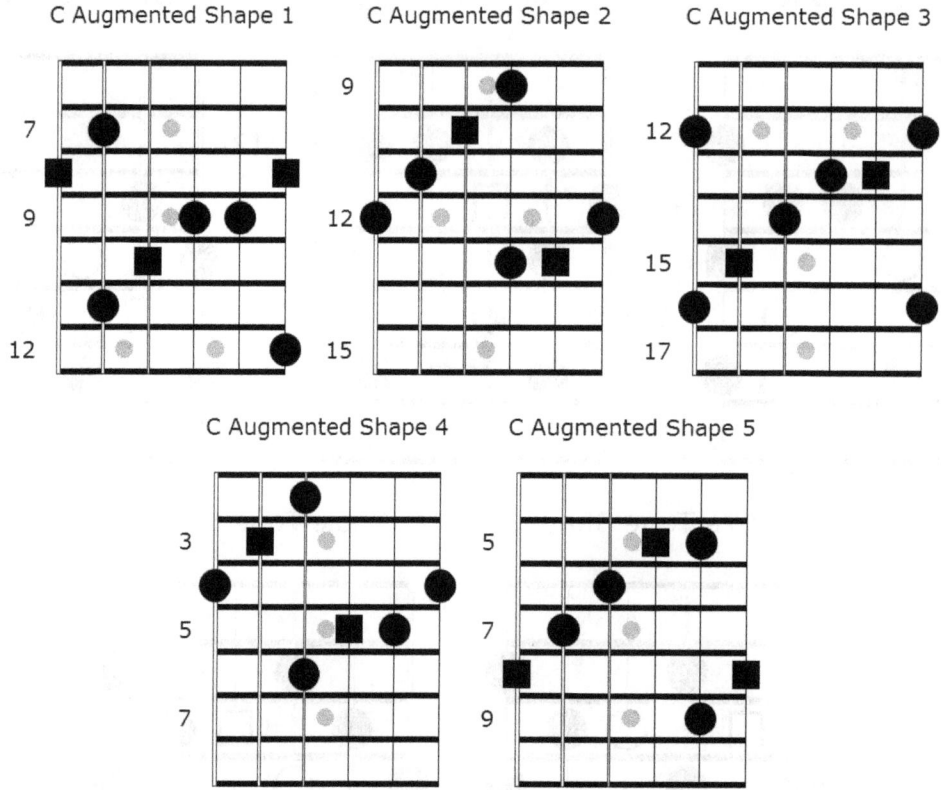

Arpegios

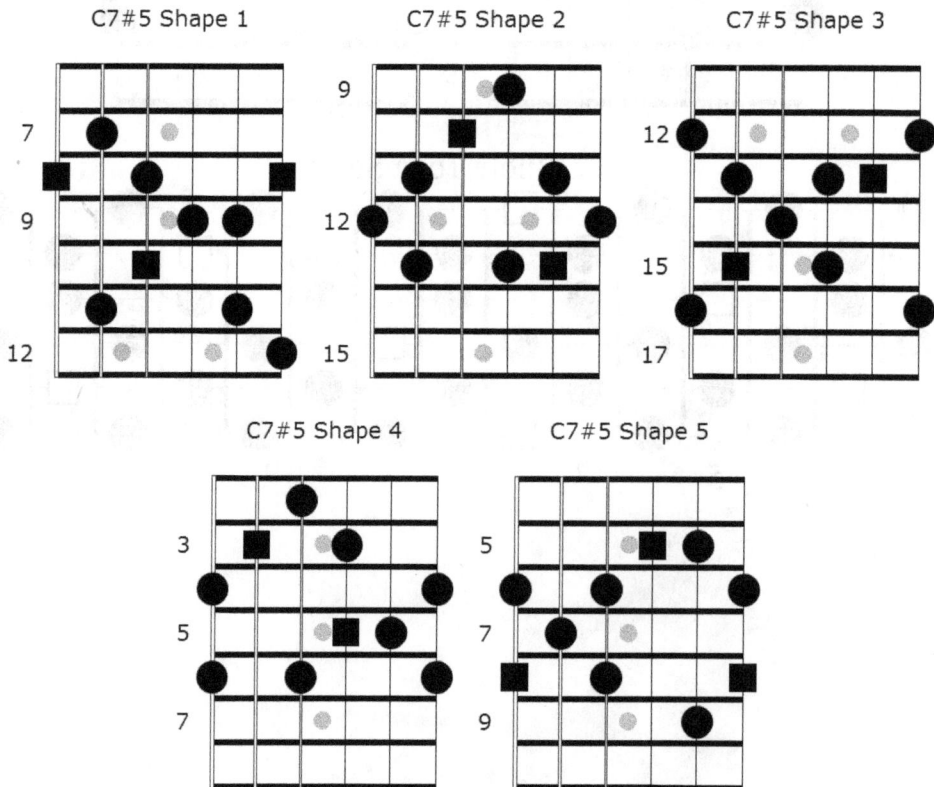

Progresiones de acordes típicas

Pista de acompañamiento-Escala de tonos enteros 1:

Pista de acompañamiento-Escala de tonos enteros 2:

Pista de acompañamiento-Escala de tonos enteros 3:

NB '+' = aumentada.

Licks útiles

Escala de tonos enteros-Lick 1:

Escala de tonos enteros-Lick 2:

Escala de tonos enteros-Lick 3:

Otros libros de Fundamental Changes

Guía completa para tocar guitarra blues - Libro 1: Guitarra rítmica

Guía completa para tocar guitarra blues - Libro 2: Fraseo melódico

Guía completa para tocar guitarra blues - Libro 3: Más allá de las pentatónicas

Guía completa para tocar guitarra blues - Compilación

El sistema CAGED y 100 licks para guitarra blues

Cambios fundamentales en guitarra jazz: ii V I mayor

Dominio del ii V menor para guitarra jazz

Solos de jazz blues para guitarra

Escalas de guitarra en contexto

Acordes de guitarra en contexto - Parte 1

Dominio de los acordes en guitarra jazz (Acordes de guitarra en contexto - Parte 2)

Técnica completa para guitarra moderna

Dominio de la guitarra funk

Teoría, técnica y escalas - Compilación completa para guitarra

Dominio de la lectura a primera vista para guitarra

El sistema CAGED y 100 licks para guitarra rock

Guía práctica de la teoría musical moderna para guitarristas

Lecciones de guitarra para principiantes: Guía esencial

Solos en tonos de acorde para guitarra jazz

Guitarra rítmica en el heavy metal

Guitarra líder en el heavy metal

Solos pentatónicos exóticos para guitarra

Continuidad armónica en guitarra jazz

Solos en jazz - Compilación completa

Compilación de acordes para guitarra jazz

Fingerstyle en la guitarra blues

Solos en rock melódico para guitarra

Pop y rock para ukulele: Rasgueo

¡Sé social!

Únete a las más de 5500 personas que están obteniendo seis lecciones de guitarra gratuitas cada día en Facebook:

www.facebook.com/FundamentalChangesInGuitar

Manténte al día en Twitter

@Guitar_Joseph

www.ingramcontent.com/pod-product-compliance
Lightning Source LLC
Chambersburg PA
CBHW081134090426
42737CB00018B/3332